PICCOLA BIBLIOTECA ADELPHI

274

DELLO STESSO AUTORE:

La filosofia delle università

Parerga e paralipomena

Sul mestiere dello scrittore e sullo stile

Arthur Schopenhauer

L'ARTE DI OTTENERE RAGIONE

ESPOSTA IN 38 STRATAGEMMI

A cura e con un saggio di Franco Volpi

ADELPHI EDIZIONI

Traduzione di Nicola Curcio e Franco Volpi

Prima edizione: settembre 1991
Sedicesima edizione: marzo 1996

ISBN 88-459-0856-9

INDICE

AVVERTENZA

L'arte di ottenere ragione è un trattatello che Schopenhauer portò a una redazione pressoché definitiva, senza tuttavia pubblicarlo. La stesura risale con ogni probabilità alla fine del periodo berlinese, intorno al 1830-31. Il testo manoscritto, privo di titolo, comprende 8 fogli protocollo numerati, più un foglio aggiunto e due ulteriori mezzi fogli, per complessive 44 pagine; è rilegato in un quaderno e si trova nel lascito del filosofo. Il contenuto consente di mettere in rapporto tale testo con la materia trattata nelle lezioni berlinesi sulla «dianoiologia», cioè la «teoria dell'intero pensare», in particolare nel capitolo sulla logica (*Philosophische Vorlesungen*, a cura di Franz Mockrauer, Piper, München, 1913). Tale rapporto è peraltro confermato da indizi materiali, quali il tipo di carta usata, che è lo stesso in entrambi i casi.

Cenni alla dialettica, e quindi osservazioni, note e materiali sull'argomento, che poi confluiscono nel trattatello, si trovano comunque in molti luoghi dell'opera schopenhaueriana, nei manoscritti giovanili (a partire dal 1817), poi nel *Mondo*, nelle lezioni berlinesi e nelle carte postume. Il rimando più significativo si trova in *Parerga e paralipomena* (edizione italiana a cura di Giorgio Colli e Mario Carpitella, 2 tomi, Adelphi, Milano, 1981-1983) dove, nel capitolo su « Logica e dialettica » (tomo II, cap. 2, par. 26), viene ripresa la parte iniziale del trattatello, con l'esposizione dei primi nove stratagemmi. Sempre qui, dopo avere raccontato la genesi del suo interesse per l'argomento, Schopenhauer indica anche le ragioni che lo portarono a desistere dal pubblicare l'operetta quasi conclusa: « Raccolsi gli artifici disonesti più ricorrenti nelle dispute, e rappresentai chiaramente ognuno di essi nella sua peculiarità, illustrandolo con esempi e attribuendogli un nome; infine aggiunsi anche i mezzi da adoperare contro quegli artifici, per così dire le parate contro quelle finte; e ne venne fuori una vera e propria *dialettica eristica*... Nella revisione ora intrapresa di quel mio lavoro passato, trovo tuttavia che una trattazione così esauriente e minuziosa delle vie traverse e dei trucchi di cui si serve l'ordinaria natura umana per celare i suoi difetti non è più conforme al mio temperamento, e per questo la lascio da parte » (*ibid.*, pp. 39 e 40-41). E poco più avanti: « Di questi stratagemmi dunque ne avevo messi insieme e sviluppati una quarantina circa. Ma mettermi ora a illustrare tutte queste scappatoie della limitatezza e dell'incapacità, sorelle della testardaggine, della vanità e della disonestà, mi dà la nausea; per questo mi fermo a questi saggi, e tanto più energicamente sottolineo le ragioni addotte sopra perché si evitino le dispute con persone come sono quasi tutti» (*ibid.*, pp. 45-46).

Il trattatello fu pubblicato per la prima volta, con il titolo *Dialektik*, da Julius Frauenstädt in *Arthur Schopenhauers handschriftlicher Nachlaß*, Brockhaus, Leipzig, 1864. Una seconda edizione, che è quella da tenere presente, la dobbiamo ad Arthur Hübscher; essa è compresa nella sua edizione delle carte inedite del filosofo (in traduzione da Adelphi): *Der handschriftliche Nachlaß*, 5 voll., Kramer, Frankfurt a.M., 1966-1975 (poi Deutscher Taschenbuch Verlag, München, 1985), vol. III, pp. 666-95. Infine, una terza edizione, snellita di alcune note di carattere erudito e adattata ad esigenze di facile leggibilità, è stata pubblicata da Gerd Haffmans per i propri tipi (*Eristische Dialektik oder Die Kunst, Recht zu behalten, in 38 Kunstgriffen dargestellt*, Haffmans, Zürich, 1983).

Le varianti nel titolo dell'operetta nascono dal fatto che, come si è accennato, il manoscritto non ne reca alcuno. Esso va dunque evinto dal testo stesso e da quanto Schopenhauer dice nel passo summenzionato dei *Parerga e paralipomena*, nel quale egli ricorda il trattatello una prima volta come *Dialettica eristica* e una seconda come *Lineamenti di ciò che è essenziale a ogni disputa* (*Umriß des Wesentlichen jeder Disputation*).

La presente edizione si basa su quella di Arthur Hübscher, con una sola modifica. I fogli separati e non numerati (i cosiddetti « Nebenbogen »), aggiunti al primo degli otto fogli numerati di cui consta il manoscritto, sono stati collocati da Arthur Hübscher nella sua edizione critica all'inizio del testo, in modo da costituirne l'esordio. Essi infatti contengono cenni storici sulle origini e sulle principali concezioni della dialettica e costituiscono il materiale raccolto da Schopenhauer in vista della stesura di una vera e propria introduzione al trattatello. Il carattere frammentario e incompiuto di tali indicazioni ha reso tuttavia preferibile per la presente edizione, non critica, una collocazione diversa, cioè alla fine, con l'indicazione esplicita che si tratta di « aggiunte ». Le integrazioni del Curatore sono tra parentesi quadre; esse, oltre alla traduzione di espressioni o brani in lingue straniere, danno i riferimenti relativi ai passi di classici citati da Schopenhauer, secondo la consuetudine critica e le edizioni oggi in uso. Le note contrassegnate da numero arabo sono di Schopenhauer, quelle contrassegnate da asterisco sono del Curatore.

FRANCO VOLPI

L'ARTE DI OTTENERE RAGIONE

ESPOSTA IN 38 STRATAGEMMI

La *dialettica eristica*[1] è l'arte di disputare, e precisamente l'arte di disputare in modo da ottenere *ragione*, dunque *per fas et nefas* [con mezzi leciti e illeciti].[2] Si può infatti avere ragione *objective*, nella cosa stessa, e tuttavia avere torto agli occhi dei presenti e talvolta perfino ai propri. Ciò accade quando l'avversario confuta la mia prova, e questo vale come se avesse confutato anche l'affermazione, della quale però si possono dare altre prove; nel qual caso, naturalmente, per l'avversario la situazione si presenta rovesciata: egli ottiene ragione pur avendo oggettivamente torto. Dunque, la verità oggettiva di una proposizione e la validità della medesima nell'approvazione dei contendenti e degli uditori sono due cose diverse. (A quest'ultima è rivolta la dialettica).
Da che cosa deriva tutto questo? Dalla naturale cattiveria del genere umano. Se questa non ci fosse, se nel nostro fondo fossimo leali, in ogni discussione cercheremmo solo di portare alla luce la verità, senza affatto preoccuparci se questa risulta conforme all'opinione presentata in precedenza da noi o a quella dell'altro: diventerebbe indifferente o, per lo meno, sarebbe una cosa del

tutto secondaria. Ma qui sta il punto principale. L'innata vanità, particolarmente suscettibile per ciò che riguarda l'intelligenza, non vuole accettare che quanto da noi sostenuto in principio risulti falso, e vero quanto sostiene l'avversario. Se così fosse, ciascuno non dovrebbe fare altro che cercare di pronunciare soltanto giudizi giusti: quindi dovrebbe prima pensare e poi parlare. Ma, nei più, all'innata vanità si accompagna una loquacità e una *slealtà* connaturata. Essi parlano prima di avere pensato, e se anche poi si accorgono che la loro affermazione è falsa e hanno torto, deve nondimeno *apparire* come se fosse il contrario. L'interesse per la verità, che nella maggioranza dei casi è stato l'unico motivo per sostenere la tesi ritenuta vera, cede ora completamente il passo all'interesse della vanità: il vero deve apparire falso e il falso vero.

Tuttavia anche questa slealtà, anche l'insistere su una tesi che già a noi stessi appare falsa, può trovare una scusante: molte volte, all'inizio siamo fermamente convinti della verità della nostra affermazione; ma ora l'argomento dell'avversario sembra rovesciarla: abbandonando però subito la nostra causa, spesso ci accorgiamo poi che avevamo invece ragione; la nostra prova era falsa, ma per quella affermazione era possibile darne una giusta: l'argomento risolutore non ci era venuto in mente subito. Perciò, si afferma ora in noi la massima di continuare ugualmente a combattere contro l'argomento contrario, anche quando esso appare giusto e decisivo, confidando sul fatto che la sua pertinenza sia anch'essa soltanto apparente, e che durante la disputa ci verrà in mente un altro argomento per rovesciarlo, oppure per confermare altrimenti la nostra verità: siamo così quasi costretti, o almeno facilmente indotti, alla slealtà nel disputare. In questo modo, la debolezza del nostro intelletto e la stortura della nostra volontà si sorreggono a vicenda. Ne deriva che, di regola, chi disputa non lotta per la verità, ma per imporre la propria tesi, come *pro ara et focis* [per la casa e il focolare], e procede *per fas et nefas*, perché, come si è mostrato, non può fare diversamente.

Dunque, di regola ciascuno vorrà far prevalere la propria affermazione, anche quando per il momento gli appare falsa o dubbia;[3] e i mezzi per riuscirvi sono, in certa misura, offerti a ciascuno dalla propria astuzia e cattiveria: a insegnarli è l'esperienza quotidiana nel disputare. Ciascuno ha dunque la propria *dialettica naturale*, così come ciascuno ha una propria *logica naturale*. Ma la prima non è una guida altrettanto certa della seconda. Nessuno penserà o inferirà tanto facilmente contro le leggi della logica: falsi giudizi sono frequenti, falsi sillogismi estremamente rari. Perciò, non capita tanto facilmente che qualcuno mostri una deficienza di logica naturale; capita, invece, di riscontrare deficienze nella dialettica naturale: quest'ultima è una dote naturale distribuita in modo diseguale (in ciò simile alla facoltà del giudizio, spartita in maniera assai diseguale, e lo stesso capita in realtà anche per la ragione). Infatti, accade spesso che ci si lasci confondere e confutare da argomentazioni solo apparenti, mentre in realtà si ha ragione, oppure il contrario: e chi esce vincitore da una disputa molto spesso lo deve non tanto all'esattezza del suo giudizio nell'esporre la propria tesi, quanto all'astuzia e alla destrezza con cui l'ha sostenuta. Qui, come sempre, la cosa migliore è ciò che è innato: tuttavia l'esercizio e anche la riflessione sulle frasi con cui demolire l'avversario, o quelle da lui più adoperate per demolire, possono essere di grande aiuto per diventare maestri in questa arte.[4] Dunque, anche se la logica non può avere una vera e propria utilità pratica, può senz'altro averla la dialettica. Mi sembra che anche Aristotele abbia posto la sua logica (analitica) principalmente come base e preparazione alla *dialettica*, e che questa sia stata per lui la cosa capitale. La logica si occupa della mera forma delle proposizioni, la dialettica del loro contenuto o materia: proprio per questo la considerazione della *forma*, in quanto considerazione dell'universale, doveva precedere quella del contenuto in quanto considerazione del particolare.

Aristotele non stabilisce lo scopo della dialettica così nettamente come ho fatto io: egli indica, è vero, come scopo principale il disputare, ma al tempo stesso anche il reperimento della verità (*Topici*, I, 2). In seguito dice ancora (*Topici*, I, 12): le tesi si considerino, filosoficamente, secondo verità; dialetticamente, secondo l'apparenza o l'approvazione, l'opinione altrui (δόξα). Egli è consapevole della distinzione e della separazione fra la verità oggettiva di una proposizione e il far valere la medesima o l'ottenerne l'approvazione: però non le tiene distinte abbastanza nettamente da assegnare alla dialettica solo il secondo fine.[5] Perciò alle sue regole per ottenere questo, se ne mescolano spesso altre per ottenere il primo. Quindi mi sembra che egli non abbia assolto in modo limpido il suo compito.

Nei *Topici*, Aristotele ha affrontato la formulazione della dialettica, con lo spirito scientifico che lo contraddistingue, in modo assai metodico e sistematico; ciò merita ammirazione, sebbene lo scopo, che qui è evidentemente pratico, non si possa considerare completamente raggiunto. Dopo avere considerato negli *Analitici* i concetti, i giudizi e i sillogismi secondo la pura *forma*, egli passa al *contenuto*, dove si ha a che fare propriamene solo con i concetti: perché è in questi che risiede il contenuto.[6] Proposizioni e sillogismi, presi per sé, sono mera forma: i concetti sono il loro contenuto. Procede nel modo seguente. Ogni disputa ha una tesi o un problema (questi differiscono solo nella forma), e poi proposizioni che devono servire a risolverli. Qui si tratta sempre del rapporto di concetti fra loro. Tali rapporti sono anzitutto quattro. Di un concetto si cerca cioè 1) la sua definizione; oppure 2) il suo genere; oppure 3) il suo connotato peculiare, la sua nota essenziale, il *proprium*, lo ἴδιον; oppure 4) il suo *accidens*, cioè una qualche proprietà, non importa se peculiare ed esclusiva o meno, in breve: un predicato. Il problema di ogni disputa è riconducibile a uno di tali rapporti. Questa è la base dell'intera dialettica. Negli otto libri dei *Topici* Aristotele presenta tutti i rapporti in cui i concetti possono reciprocamente stare in quei quattro rispetti, e indica le regole per ciascun possibile rapporto; come cioè un concetto debba rapportarsi a un altro per essere il suo *proprium*, il suo *accidens*, il suo *genus*, il suo *definitum* o definizione: quali errori è facile commettere nell'esposizione, che cosa si debba quindi osservare ogni volta che stabiliamo (κατασκευάζειν) un tale rapporto, e che cosa invece si possa fare per demolirlo (ἀνασκευάζειν) quando sia stato l'altro a stabilirlo. Egli chiama τόπος, *locus*, la presentazione di ognuna di tali regole o di ognuno di tali rapporti generali di quei concetti-classe fra loro, e indica 382 τόποι: da cui il nome di *Topici*. Aggiunge poi alcune regole generali sul disputare, le quali tuttavia non sono affatto esaurienti.

Il τόπος non è dunque puramente materiale, non si riferisce a un oggetto o a un concetto determinato, ma riguarda sempre un rapporto di intere classi di concetti; tale rapporto può essere comune a innumerevoli concetti, non appena questi, come accade in ogni disputa, vengano considerati l'uno in rapporto all'altro sotto uno dei quattro rispetti menzionati. E questi quattro rispetti hanno a loro volta classi subordinate. La trattazione è qui dunque ancora in una certa misura formale, anche se non così puramente formale come nella logica, poiché si occupa del *contenuto* dei *concetti*, ma in una maniera formale: essa indica cioè come il contenuto del concetto A si debba rapportare a quello del concetto B affinché questo possa essere presentato come il suo *genus*, o come il suo *proprium* (carattere distintivo), o il suo *accidens*, o la sua definizione, o secondo le rubriche, ad essi subordinate, di opposto, ἀντικείμενον, causa ed effetto, proprietà e privazione e così via. Intorno a un tale rapporto deve ruotare ogni disputa. La maggior parte delle regole da lui appunto indicate come τόποι riguardanti questi rapporti, sono tali da essere insite nella natura dei rapporti concettuali di cui ciascuno è consapevole da sé e tali che, proprio come accade nella logica, già da sé ciascuno ne esige il rispetto da parte dell'avversario; è più facile osservare tali regole nel caso particolare o accorgersi se esse vengono trascurate, che ricordarsi del τόπος astratto corrispondente: proprio per questo l'utilità pratica di tale dialettica è modesta. Egli dice quasi sempre cose che si capiscono da sé e che la sana ragione arriva a osservare da sé.

Esempi: « Se di una cosa viene affermato il *genus*, allora ad essa deve convenire anche una qualche *species* di questo *genus*: se questo non è, allora l'affermazione è falsa. Per esempio: si afferma che l'anima è dotata di *movimento*; allora deve esserle propria una determinata *specie* di movimento, volare, camminare, crescere, diminuire ecc.; se non è così, allora essa non è dotata di alcun movimento. Dunque, a ciò a cui non conviene alcuna *species*, non conviene neanche il *genus*: questo è il τόπος » [*Topici*, II, 4, 111 a 33 - b 11]. Questo τόπος vale sia per stabilire, sia per demolire. È il nono τόπος. E inversamente: se non conviene il *genus*, non conviene nemmeno alcuna *species*. Per esempio: qualcuno avrebbe (così si afferma) parlato male di qualcun altro: se dimostriamo che egli non ha parlato affatto, allora non ha nemmeno parlato male: infatti dove non c'è il *genus* non può esserci nemmeno la *species*.

All'interno della rubrica sul *proprium*, il *locus* 215 dice così: « In primo luogo per demolire: quando l'avversario indica come "proprio" qualcosa che si può percepire solo con i sensi, allora esso è indicato male: infatti tutto ciò che è sensibile diventa incerto non appena esso esce dall'ambito dei sensi: per esempio egli pone come "proprio" del *sole* la caratteristica di essere la stella più luminosa che passa sopra la terra: questo non va bene, perché quando il sole è tramontato noi non sappiamo se esso passi sopra la terra, in quanto è fuori dalla portata dei sensi. In secondo luogo per stabilire: il "proprio" viene indicato correttamente quando si sostiene una cosa che non va conosciuta con i sensi, oppure, se lo è, è però presente in modo necessario: ad esempio, come proprio della *superficie* si indichi che essa è innanzitutto colorata; questa è sì una connotazione sensibile, ma tale da essere evidentemente sempre presente, dunque giusta» [*Topici*, V, 5, 131 b 19-36]. Questo per offrirvi un'idea della dialettica di Aristotele. Non mi pare che essa raggiunga lo scopo: io ho dunque tentato di raggiungerlo in un altro modo. I *Topici* di Cicerone sono un'imitazione a memoria di quelli aristotelici: assai superficiale e povera: Cicerone non ha proprio alcun concetto chiaro di che cosa sia e a che cosa miri un *topus*, e così raccatta alla rinfusa *ex ingenio* ogni sorta di discorso e lo adorna riccamente con esempi giuridici. Uno dei suoi scritti peggiori.

Per formulare la *dialettica* in modo limpido bisogna considerarla, senza badare alla verità oggettiva (che è oggetto della logica), semplicemente come *l'arte di ottenere ragione*, la qual cosa sarà certo tanto più facile se si *ha* oggettivamente ragione. Ma la dialettica come tale deve insegnare solo come difendersi da attacchi di ogni genere, in particolare da quelli sleali, e parimenti come si possa noi stessi attaccare ciò che l'altro afferma, senza cadere in contraddizione e, soprattutto, senza essere confutati. Bisogna separare in modo netto il reperimento della verità oggettiva dall'arte di imporre come vere le proprie tesi: la prima è oggetto di una πραγματεία [trattazione] affatto diversa, è opera della facoltà del giudizio, della riflessione, dell'esperienza, e per questo non c'è alcuna arte specifica: la seconda invece è il fine della dialettica. Quest'ultima è stata definita la logica della parvenza: è falso perché, se così fosse, servirebbe unicamente a tesi false. Invece, anche quando si ha ragione si ha bisogno della dialettica per sostenerla e si deve conoscere gli stratagemmi sleali per opporvisi: anzi, spesso bisogna anche farne uso per battere l'avversario con le sue stesse armi. Per questo, dunque, nella dialettica la verità oggettiva va messa da parte o considerata come accidentale, e bisogna badare solo a come difendere le proprie affermazioni e rovesciare quelle dell'altro: nello stabilire le regole della dialettica non si deve prendere in considerazione la verità oggettiva, perché per lo più si ignora dove essa si trovi: noi stessi sovente non sappiamo se abbiamo ragione o no, spesso crediamo di averla e ci inganniamo, spesso lo credono entrambe le parti: infatti *veritas est in puteo* (ἐν βυθῷ ἡ ἀλήθεια [la verità sta nel profondo], Democrito, secondo Diogene Laerzio, IX, 72): quando sorge la disputa, di regola ciascuno crede di avere la verità dalla propria parte: in seguito entrambi diventano dubbiosi: solo alla fine si vedrà e verrà sancita la verità. Dunque la dialettica non deve

avventurarsi nella verità: alla stessa stregua del maestro di scherma, che non considera chi abbia effettivamente ragione nella contesa che ha dato origine al duello: colpire e parare, questo è quello che conta. Lo stesso vale anche nella dialettica, che è una scherma spirituale; solo se intesa in modo così puro, può essere costituita come una disciplina propria: infatti, se ci poniamo come fine la pura verità oggettiva, ritorniamo alla mera *logica*: se invece poniamo come fine l'affermazione di tesi false, abbiamo la mera *sofistica*. E in entrambi i casi il presupposto sarebbe che noi sapessimo già che cosa è oggettivamente vero e falso: ma solo di rado questo è certo in anticipo. Il vero concetto della dialettica è dunque quello formulato: scherma spirituale per ottenere ragione nel disputare. Sebbene il nome di *eristica* sia più appropriato, il più esatto è dialettica eristica: *dialectica eristica*. Ed è di grande utilità: a torto nei tempi più recenti la si è trascurata.
In questo senso, la dialettica deve semplicemente essere una ricapitolazione ed esposizione, ricondotta a un sistema e a regole, di quelle tecniche, suggerite dalla natura, di cui la maggior parte della gente, quando nella contesa si accorge che la verità non sta dalla sua, si serve per ottenere ugualmente ragione. È anche per questo motivo che sarebbe del tutto inopportuno se nella dialettica scientifica si volesse avere riguardo della verità oggettiva e del suo venire alla luce, dal momento che non è questo ciò che acca-

de in quella dialettica originaria e naturale il cui scopo è invece semplicemente l'avere ragione. Il compito principale della dialettica scientifica, così come la intendiamo noi, è perciò quello di *presentare e analizzare gli stratagemmi della slealtà nel disputare*, affinché nelle dispute reali li si riconosca e li si annienti subito. Proprio per questo, nella sua esposizione, essa deve dichiaratamente assumere come proprio fine ultimo solo l'avere ragione, non la verità oggettiva.

Per quanto abbia cercato in lungo e in largo, non mi risulta che sia mai stato fatto qualcosa in questo senso:[7] si tratta quindi di un terreno ancora vergine. Per raggiungere lo scopo, si dovrebbe attingere all'esperienza, osservando il modo in cui, nelle dispute che si verificano spesso intorno a noi, questo o quello stratagemma viene adoperato dall'una e dall'altra parte in causa, quindi si dovrebbero ricondurre alla loro struttura generale gli stratagemmi che ritornano sotto altre forme, ed esporre così certi *stratagemata* generali, utili poi sia per essere usati a proprio vantaggio, sia per essere sventati quando ne fa uso l'avversario.

Quanto segue va considerato come un *primo tentativo*.

LA BASE DI OGNI DIALETTICA

Innanzitutto bisogna considerare *ciò che è essenziale in ogni disputa*, ciò che veramente accade durante una disputa.
L'avversario (o noi stessi, è uguale) ha presentato una *tesi*. Per confutarla ci sono due modi e due vie.
1) *I modi*: a) *ad rem*, b) *ad hominem* o *ex concessis*: cioè noi mostriamo che la tesi non concorda con la natura delle cose, con la verità oggettiva assoluta, oppure che non concorda con altre affermazioni o ammissioni dell'avversario, cioè con la verità soggettiva relativa: quest'ultima è una dimostrazione solo relativa e non stabilisce nulla in merito alla verità oggettiva.
2) *Le vie*: a) confutazione diretta, b) confutazione indiretta. La confutazione diretta attacca la tesi nei suoi fondamenti, quella indiretta nelle sue conseguenze: quella diretta mostra che la tesi non è vera, quella indiretta che essa non può essere vera.
a) Nella confutazione *diretta* possiamo fare due cose. O mostriamo che i *fondamenti* della sua affermazione sono falsi (*nego majorem*; *minorem*); oppure ammettiamo i fondamenti, ma mostriamo che l'affermazione non ne consegue (*nego consequentiam*), cioè attacchia-

mo la *conseguenza*, la forma dell'inferenza.
b) Nella confutazione *indiretta* adoperiamo o l'*apagoge* o la *istanza*.

α) *Apagoge*: noi assumiamo la tesi dell'avversario come vera: poi mostriamo che cosa ne consegue se, unita a qualche altra proposizione riconosciuta come vera, la adoperiamo come premessa per un sillogismo da cui discende una conclusione palesemente falsa in quanto contraddice la natura delle cose o le altre affermazioni dell'avversario, ed è dunque falsa *ad rem* o *ad hominem* (Socrate in *Ippia maggiore* e altrove): di conseguenza anche la tesi era falsa. Infatti, da premesse vere possono conseguire solo proposizioni vere, mentre da premesse false non sempre conseguono conclusioni false. (Se essa contraddice addirittura una verità assolutamente indubitabile, allora abbiamo condotto l'avversario *ad absurdum*).

β) L'*istanza*, ἔνστασις, *exemplum in contrarium*: confutazione della tesi generale mediante indicazione diretta di casi compresi nella sua enunciazione, per i quali però essa non vale. La tesi generale deve perciò essere falsa.

Questa è l'impalcatura di base, lo scheletro di ogni disputa: abbiamo dunque la sua osteologia. Infatti a ciò si riconduce in fondo ogni disputare: ma tutto questo può avvenire effettivamente o solo in apparenza, con ragioni autentiche o meno: e poiché su questo punto non è facile stabilire qualcosa di sicuro, le dispute sono lunghe e ostinate. Neppure nel dare istruzioni possiamo separare ciò che è vero da ciò che è apparente perché, per l'appunto, di questo i contendenti non sono mai certi in anticipo. Perciò io offro degli *stratagemmi* senza badare al fatto se *objective* si abbia ragione o torto: infatti non possiamo saperlo con certezza nemmeno noi stessi e deve essere stabilito proprio mediante la contesa. Del resto, in ogni disputa, o in ogni argomentazione in genere, bisogna essere d'accordo su qualche cosa che si prende come principio per giudicare la questione di cui si tratta: *contra negantem principia non est disputandum* [non si disputi con uno che nega i princìpi di partenza].

STRATAGEMMA N. 1

L'ampliamento. Portare l'affermazione dell'avversario al di fuori dei suoi limiti naturali, interpretarla nella maniera più generale possibile, prenderla nel senso più ampio possibile ed esagerarla; restringere invece la propria affermazione nel senso più circoscritto possibile e nei limiti più ristretti: perché quanto più un'affermazione diventa generale, tanto più essa presta il fianco ad attacchi. L'antidoto è la precisa formulazione del *punctus* o *status controversiae*.

Esempio 1. Io dissi: « Gli Inglesi sono la prima nazione nel genere drammatico ». L'av-

versario volle tentare una *instantia* e ribatté: « È noto che nella musica, e di conseguenza anche nell'opera, essi non hanno saputo combinare nulla ». Io gli replicai ricordandogli « che la musica non è compresa nel *genere drammatico*; questo designa solo la tragedia e la commedia »: cosa che egli sapeva molto bene, e quindi tentava solo di generalizzare la mia affermazione in modo che comprendesse tutte le rappresentazioni teatrali, di conseguenza l'opera e la musica, per poi battermi con sicurezza.
Se invece l'espressione da noi usata lo favorisce, si salvi la propria affermazione restringendola oltre la primitiva intenzione.

Esempio 2. *A* dice: « La pace del 1814 restituì persino a tutte le città anseatiche tedesche la loro indipendenza ». *B* dà la *instantia in contrarium*, cioè che con quella pace Danzica perse l'indipendenza conferitale da Bonaparte. *A* si salva così: « Ho detto tutte le città anseatiche tedesche: Danzica era una città anseatica polacca ».
Questo stratagemma si trova già in Aristotele, *Topici*, VIII, 12.

Esempio 3. Lamarck (*Philosophie zoologique*, [Paris, 1809], vol. I, p. 203) nega ai polipi ogni sensazione poiché privi di nervi. Ora, però, è certo che essi *percepiscono*, infatti seguono la luce mentre procedono con la loro tecnica di ramo in ramo; e afferrano la loro preda. Si è perciò supposto che in essi la massa nervosa sia diffusa in ugual misura nella massa dell'intero corpo e, per così dire, vi sia fusa assieme: infatti essi hanno evidentemente percezioni senza avere organi di senso distinti. Poiché ciò ribalta l'ipotesi di Lamarck, egli argomenta dialetticamente così: « Allora tutte le parti del corpo del polipo dovrebbero essere capaci di *ogni specie* di sensazione e anche di movimento, di volontà, di *pensiero*: allora il polipo avrebbe in ogni punto del suo corpo tutti gli organi dell'animale più completo: ogni punto potrebbe vedere, annusare, gustare, sentire e così via, anzi, pensare, giudicare, inferire: ogni particella del suo corpo sarebbe un animale completo e il polipo stesso starebbe al di sopra dell'uomo, poiché ogni sua cellula avrebbe tutte le facoltà che l'uomo ha solo nel suo insieme. Non ci sarebbe inoltre alcun motivo per non estendere quanto si afferma sui polipi anche alla *monade*, il più imperfetto di tutti gli esseri, e infine anche alle piante, le quali pure vivono, e così via ». Con l'uso di tali stratagemmi dialettici uno scrittore tradisce l'intima consapevolezza di avere torto. Poiché si è detto: « Il suo intero corpo è sensibile alla luce, ed è perciò di natura nervosa », egli ne evince che l'intero corpo pensa.

STRATAGEMMA N. 2

Usare l'*omonimia* per estendere l'affermazione presentata anche a ciò che, al di là del

nome uguale, poco o nulla ha in comune con la cosa in questione; poi darne una confutazione lampante, e così fingere di avere confutato l'affermazione.
Nota: *synonyma* sono due parole indicanti il medesimo concetto; *homonyma* due concetti indicati dalla medesima parola (vedi Aristotele, *Topici*, I, 13). Profondo, tagliente, alto, usati ora per corpi ora per suoni, sono *homonyma*. Sincero e leale sono *synonyma*.
Questo stratagemma può essere considerato identico al sofisma *ex homonymia*: tuttavia il sofisma palese dell'omonimia non trarrà seriamente in inganno.

Omne lumen potest extingui;
Intellectus est lumen;
*Intellectus potest extingui.**

Qui si nota subito che ci sono quattro *termini*: *lumen* in senso proprio e *lumen* inteso in senso figurato. Ma nei casi sottili questo sofisma inganna certamente, soprattutto dove i concetti indicati dalla medesima espressione sono affini e si sovrappongono l'uno all'altro.

Esempio 1. (I casi inventati appositamente non sono abbastanza sottili da essere ingannevoli; bisogna dunque trarli dalla propria esperienza concreta. L'ottimo sarebbe poter distinguere ogni stratagemma con un nome

* Ogni lume può essere spento; / L'intelletto è un lume; / L'intelletto può essere spento.

conciso e calzante, a cui si potrebbe ricorrere, al momento opportuno, per respingere in un batter d'occhio l'uso di questo o quello stratagemma).
A: « Lei non è ancora iniziato ai misteri della filosofia kantiana ».
B: « Ah, dove ci sono misteri, io non voglio saperne nulla ».

Esempio 2. Io biasimavo il principio d'onore, giudicando incomprensibile che chi subisce una offesa perda l'onore a meno che non la ricambi con una offesa maggiore o che non lavi l'onta con il sangue, quello del nemico o il proprio; come ragione addussi che il vero onore non può essere ferito da ciò che si subisce, ma soltanto da ciò che si fa; perché a chiunque di noi può succedere di tutto. L'avversario attaccò direttamente la mia ragione: egli mi dimostrò in modo lampante che se si calunniasse un commerciante dicendo che imbroglia o commette illegalità, o che è negligente nel suo mestiere, questo sarebbe un attacco al suo onore che qui verrebbe ferito unicamente per ciò che egli subisce, e che egli potrebbe ripristinare soltanto facendo punire tale calunniatore o costringendolo a smentire l'accusa.
Qui egli scambiò dunque, per l'omonimia, l'*onore civile*, che si chiama altrimenti *buon nome* e che viene offeso col discredito, con il concetto di *onore cavalleresco*, chiamato anche *point d'honneur* e che viene offeso con le *ingiurie*. E poiché un attacco al primo non

può essere trascurato, ma deve essere respinto con la pubblica confutazione, con lo stesso diritto anche un attacco al secondo non dovrebbe rimanere ignorato, ma dovrebbe essere respinto con un'ingiuria più forte e con il duello. Dunque: una confusione di due cose essenzialmente diverse favorita dall'omonimia della parola *onore*: e così l'omonimia dà origine a una *mutatio controversiae*.

STRATAGEMMA N. 3

Prendere l'affermazione[8] presentata in modo relativo, κατά τι, *relative*, come se fosse presentata universalmente, *simpliciter*, ἁπλῶς, *absolute*, o almeno intenderla sotto tutt'altro aspetto e confutarla poi in questo secondo senso. L'esempio di Aristotele è: il moro è nero, ma quanto ai denti è bianco: dunque egli è allo stesso tempo nero e non nero. È un esempio inventato, che non ingannerebbe sul serio nessuno: prendiamone invece uno dall'esperienza concreta.

Esempio. In una conversazione di filosofia ammisi che il mio sistema difende e loda i *quietisti*. Poco dopo il discorso cadde su Hegel, e io affermai che la maggior parte delle cose da lui scritte sono insensate o, almeno, che molti passi dei suoi scritti sono tali che l'autore butta lì le parole e il senso deve mettercelo il lettore. L'avversario non si avventurò a confutare ciò *ad rem*, ma si contentò di proporre quest'*argumentum ad hominem*: io avevo appena lodato i quietisti, e anch'essi avevano scritto molte cose insensate. Ammisi questo fatto, ma corressi l'avversario dicendo che non lodo i quietisti come filosofi o scrittori, cioè non per le loro imprese *teoretiche*, ma soltanto come uomini, per il loro agire, solo dal punto di vista *pratico*: nel caso di Hegel invece si parla di imprese teoretiche. L'attacco venne così parato.

I primi tre stratagemmi sono affini: essi hanno in comune il fatto che l'avversario parla in realtà di qualcosa d'altro rispetto a ciò che è stato affermato: si incorrerebbe dunque in una *ignoratio elenchi* [ignoranza della confutazione] se ci si facesse liquidare da tali stratagemmi. Infatti, in tutti gli esempi presentati, quello che dice l'avversario è vero: non è però in contraddizione effettiva ma solo apparente con la tesi; chi è da lui attaccato quindi nega la consequenzialità della sua conclusione: cioè che dalla verità della sua tesi discenda la falsità della nostra. Si tratta dunque di una confutazione diretta della sua confutazione *per negationem consequentiae*.

Non ammettere premesse vere poiché se ne prevede la conseguenza. Come antidoto dunque i due seguenti mezzi, le regole 4 e 5.

STRATAGEMMA N. 4

Quando si vuole trarre una certa conclusione non la si lasci prevedere, ma si faccia in modo che l'avversario ammetta senza accorgersene le premesse una per volta e in ordine sparso, altrimenti tenterà ogni sorta di cavilli; oppure, quando non si è certi che l'avversario le ammetta, si presentino le premesse di queste premesse, si facciano pre-sillogismi, ci si faccia ammettere le premesse di molti di questi pre-sillogismi senza ordine e confusamente, si occulti dunque il proprio gioco finché non è stato ammesso tutto ciò di cui si ha bisogno. Si arrivi insomma al dunque partendo da lontano. Queste regole le dà Aristotele in *Topici*, VIII, 1.
Non occorrono esempi.

STRATAGEMMA N. 5

Per dimostrare la propria tesi ci si può servire anche di premesse false, e ciò quando l'avversario non ammetterebbe quelle vere, o perché non ne riconosce la verità oppure perché vede che la nostra tesi ne conseguirebbe immediatamente: si prendano allora tesi in sé false ma vere *ad hominem*, e si argomenti *ex concessis* a partire dal modo di pensare dell'avversario. Infatti il vero può conseguire anche da premesse false, ma mai il falso da premesse vere. Allo stesso modo si possono confutare tesi false dell'avversario per mezzo di altre tesi false, che egli però ritiene vere: infatti si ha a che fare con lui e bisogna servirsi del suo modo di pensare. Per esempio: se egli è seguace di qualche setta alla quale noi non aderiamo, possiamo adoperare contro di lui, come *principia*, le massime di questa setta. Aristotele, *Topici*, VIII, 9. (Rientra nel precedente stratagemma).

STRATAGEMMA N. 6

Si fa una *petitio principii* occulta postulando ciò che si dovrebbe dimostrare: 1) usando un altro nome, ad esempio buon nome al posto di onore, virtù al posto di verginità, e così via; o anche concetti interscambiabili: animali dal sangue rosso al posto di vertebrati; 2) oppure facendo in modo che ci venga concesso in generale ciò che nel caso particolare è controverso, ad esempio: si afferma l'incertezza della medicina postulando l'incertezza di ogni sapere umano; 3) quando *vice versa* due cose conseguono l'una dall'altra, e si deve dimostrare la prima, postulando la seconda; 4) quando si deve dimostrare l'universale, facendosi ammettere ogni singolare (il contrario del n. 2). (Aristotele, *Topici*, VIII, 11).
Sull'*esercizio* della dialettica contiene buone regole l'ultimo capitolo dei *Topici* di Aristotele.

STRATAGEMMA N. 7

Quando la disputa è condotta in modo piuttosto rigoroso e formale e ci si vuole far intendere molto chiaramente, colui che ha presentato l'affermazione e deve dimostrarla procede contro l'avversario ponendo domande, per concludere la verità dell'affermazione dalle stesse ammissioni dell'avversario. Questo metodo erotematico era particolarmente in uso presso gli antichi (si chiama anche metodo socratico): ad esso si rifà il presente stratagemma e alcuni che seguiranno più avanti. (*Completamente e liberamente rielaborato dal capitolo 15 del* Liber de elenchis sophisticis *di Aristotele*).

Domandare in una sola volta e in modo particolareggiato molte cose, così da occultare ciò che in realtà si vuole che venga ammesso. Esporre invece rapidamente la propria argomentazione a partire da ciò che è stato ammesso: così coloro che sono lenti di comprendonio non riescono a seguire esattamente e non si accorgono di eventuali errori o lacune nell'argomentazione.

STRATAGEMMA N. 8

Suscitare l'ira dell'avversario, perché nell'ira egli non è più in condizione di giudicare rettamente e di percepire il proprio vantaggio. Si provoca la sua ira facendogli apertamente torto, tormentandolo e, in generale, comportandosi in modo sfacciato.

STRATAGEMMA N. 9

Porre le domande non nell'ordine richiesto dalla conclusione che si deve trarre, ma con spostamenti di ogni genere: l'avversario non capisce allora dove si voglia andare a parare e non è in grado di prevenire: ci si può anche servire delle sue risposte per trarne conclusioni diverse, perfino contrarie, a seconda delle risposte. Questo stratagemma è affine al quarto stratagemma in quanto bisogna mascherare il proprio modo di procedere.

STRATAGEMMA N. 10

Ci si accorge che l'avversario risponde di proposito negativamente alle domande, perché la risposta affermativa potrebbe essere utilizzata per la nostra tesi. In tal caso bisogna chiedere il contrario della tesi di cui ci si vuole servire come se si volesse la sua approvazione, o almeno sottoporgli ambedue le tesi, in modo che egli non si accorga di quale si vuole che lui affermi.

STRATAGEMMA N. 11

Se noi facciamo un'induzione, e l'avversario ci concede i singoli casi attraverso i quali deve essere attuata, non dobbiamo chiedergli se concede anche la verità generale che risulta da questi casi; dobbiamo invece introdurla in seguito come già stabilita e concessa, perché può anche accadere che egli creda di averla concessa, e la stessa impressione avranno anche gli ascoltatori, i quali si ricordano delle molte domande sui casi singoli, che devono pure avere condotto allo scopo.

STRATAGEMMA N. 12

Qualora il discorso verta su un concetto generale che non ha alcun nome, ma che deve essere designato tropicamente per mezzo di una similitudine, noi dobbiamo scegliere subito la similitudine in maniera tale che essa sia favorevole alla nostra affermazione. Così, per esempio, i nomi con cui sono designati i due partiti politici in Spagna, *serviles* e *liberales*, sono stati certamente scelti da questi ultimi.

Il nome protestanti è scelto da questi, e così il nome evangelici; il nome eretici, invece, è scelto dai cattolici.

Vale per i nomi di cose anche quando essi sono più appropriati: ad esempio, se l'avversario ha proposto un *cambiamento*, lo si chiami *innovazione*, perché si tratta di una parola odiosa. Ci dobbiamo comportare in modo contrario se siamo noi ad avanzare la proposta. Nel primo caso si chiami l'opposto « ordine costituito », nel secondo una « zavorra ». Ciò che una persona disinteressata e imparziale chiamerebbe «culto» o «pubblica dottrina della fede», uno che vuole parlarne *a favore* lo chiama «devozione», «pietà», un avversario «bigotteria», «superstizione». In fondo si tratta di una sottile *petitio principii*: si introduce già nella parola, nella denominazione, ciò che si vuole provare, così da derivarlo poi con un semplice giudizio analitico. Ciò che l'uno chiama «assicurarsi della sua persona», «tenere in custodia», il suo avversario lo chiama «imprigionare».

Spesso un oratore tradisce già la sua intenzione nei nomi che dà alle cose. L'uno dice «i religiosi», l'altro «i preti». Fra tutti gli stratagemmi questo è quello che viene adoperato più spesso, istintivamente. Fervore religioso ≅ fanatismo; passo falso o galanteria ≅ adulterio; espressioni equivoche ≅ oscenità; squilibrio ≅ bancarotta; «tramite influenze e conoscenze» ≅ «tramite corruzione e nepotismo»; «sincera riconoscenza» ≅ «buon pagamento».

STRATAGEMMA N. 13

Per fare in modo che l'avversario accetti una tesi, dobbiamo presentare la tesi opposta e lasciare a lui la scelta, avendo l'accortezza di esprimere tale opposto in modo assai stridente, cosicché, se non vuole essere paradossale, egli deve risolversi alla nostra tesi che invece appare molto probabile. Per esempio: egli deve ammettere che uno ha il dovere di fare tutto ciò che gli dice suo padre: allora noi chiediamo: « Bisogna essere in ogni cosa disobbedienti oppure obbedienti ai genitori? ». Oppure se di qualche cosa si dice « sovente », chiediamo se con « sovente » si intendono pochi casi oppure molti: l'avversario dirà « molti ». È come il grigio che accostato al nero si può chiamare bianco, e accostato al bianco si può chiamare nero.

STRATAGEMMA N. 14

Un tiro impertinente è quando, dopo che l'avversario ha risposto a molte domande senza favorire la conclusione che abbiamo in mente, si enuncia e si esclama in modo trionfante, come dimostrata, la conclusione che si voleva trarre, sebbene essa non consegua affatto dalle sue risposte. Se l'avversario è timido o sciocco, e se noi abbiamo una buona dose di impertinenza e una buona voce, il tiro può riuscire proprio bene. Questo stratagemma rientra nella *fallacia non causae ut causae* [inganno tramite assunzione della non-causa come causa].

STRATAGEMMA N. 15

Se abbiamo presentato una tesi paradossale e ci troviamo in imbarazzo nel dimostrarla, proponiamo all'accettazione o al rifiuto dell'avversario, come se volessimo trarne la dimostrazione, una tesi sì giusta, ma non del tutto evidente: se egli, sospettando qualcosa, la respinge, allora lo conduciamo *ad absurdum* e trionfiamo: se invece la accetta, intanto abbiamo detto qualcosa di ragionevole, e poi si vedrà. Oppure introduciamo qui lo stratagemma precedente e affermiamo ora che questo dimostra il nostro paradosso. Per farlo ci vuole la massima impertinenza: ma nella realtà succede: e c'è gente che tutto ciò lo pratica per istinto.

STRATAGEMMA N. 16

Argumenta ad hominem o *ex concessis*. Di fronte a un'affermazione dell'avversario dobbiamo cercare se per caso essa non sia in qualche modo, all'occorrenza anche solo apparentemente, in contraddizione con qualcosa che egli ha detto o ammesso in precedenza; oppure con i canoni di una scuola o di una setta che egli ha lodato e approvato; oppure con l'agire degli adepti di questa setta, o anche solo degli adepti falsi e apparenti; oppure con il suo stesso comportamento. Se per esempio egli difende il suicidio, allora gli si grida subito: « Perché non ti impicchi? ». Oppure afferma che Berlino è un luogo di soggiorno sgradevole, e gli si grida subito: « Perché non te ne parti immediatamente con la prima diligenza? ».

In un modo o nell'altro, si riuscirà ben a cavar fuori un raggiro.

STRATAGEMMA N. 17

Se l'avversario ci incalza con una controprova, spesso ci potremo salvare con una sottile distinzione a cui magari prima non abbiamo pensato, se la cosa in questione consente un doppio significato oppure un doppio caso.

STRATAGEMMA N. 18

Se ci accorgiamo che l'avversario ha messo mano a un'argomentazione con cui ci batterà, non dobbiamo consentire che arrivi a portarla a termine, ma dobbiamo interrompere, allontanare o sviare per tempo l'andamento della disputa e portarla su altre questioni: in breve, avviare una *mutatio controversiae*.

STRATAGEMMA N. 19

Se l'avversario ci sollecita esplicitamente a esibire qualcosa contro un determinato punto della sua affermazione, ma noi non abbiamo nulla di adatto, allora dobbiamo svolgere la cosa in maniera assai generale e poi parlare contro tali generalità. Ci viene chiesto di dire perché una determinata ipotesi fisica non è credibile: allora parliamo della illusorietà del sapere umano e ne diamo ogni sorta di esempi.

STRATAGEMMA N. 20

Quando abbiamo richiesto all'avversario le premesse ed egli le ha concesse, non dobbiamo chiedere anche la conclusione che ne consegue, ma tirarla direttamente noi stessi: anzi, anche se manca ancora l'una o l'altra delle premesse, noi la assumiamo come ugualmente concessa e tiriamo la conclusione. La qual cosa poi è un impiego della *fallacia non causae ut causae*.

STRATAGEMMA N. 21

Se ci accorgiamo che l'avversario fa uso di un argomento solo apparente o sofistico, possiamo certo annullarlo mettendone in luce la capziosità e illusorietà, ma è meglio liquidarlo ricorrendo a un controargomento altrettanto sofistico e apparente. Infatti quello che importa non è la verità, ma la vittoria. Se egli, per esempio, avanza un *argumentum ad hominem*, è sufficiente infirmarlo con un controargomento *ad hominem* (*ex concessis*): e in generale, se se ne offre l'opportunità, è più breve presentare un *argumentum ad hominem*, anziché fare una lunga discussione sulla vera natura della cosa.

STRATAGEMMA N. 22

Se l'avversario ci chiede di ammettere una cosa da cui il problema in discussione conseguirebbe immediatamente, rigettiamola spacciandola per una *petitio principii*; infatti non sarà difficile che sia lui sia chi ascolta considerino identica al problema una tesi strettamente affine: e così gli sottraiamo il suo argomento migliore.

STRATAGEMMA N. 23

La contraddizione e la lite spingono a *esagerare* l'affermazione. Possiamo dunque stuzzicare l'avversario contraddicendolo, e indurlo così a esagerare oltre il vero un'affermazione che in sé, e in un certo ambito, potrebbe essere vera: e una volta confutata questa esagerazione, è come se avessimo confutato anche la sua tesi di partenza. Al contrario, quando veniamo contraddetti, dobbiamo fare attenzione a non esagerare o estendere la nostra tesi. Spesso inoltre sarà l'avversario a fare direttamente il tentativo di estendere la nostra affermazione oltre i termini nei quali noi l'abbiamo posta: dobbiamo allora fermarlo subito e ricondurlo ai limiti della nostra affermazione con un « tanto ho detto, e niente di più ».

STRATAGEMMA N. 24

La forzatura della consequenzialità. Dalla tesi dell'avversario si traggono a forza, attraverso false deduzioni e deformando i concetti, altre tesi che non vi sono contenute e non corrispondono affatto all'opinione dell'avversario, ma sono assurde o pericolose: poiché, ora, sembra che dalla sua tesi di partenza discendano tali proposizioni, che sono in contraddizione o con se stesse o con verità riconosciute, ciò vale come una confutazione indiretta, *apagoge*: è un nuovo impiego della *fallacia non causae ut causae*.

STRATAGEMMA N. 25

Questo stratagemma para l'*apagoge* con una «istanza», *exemplum in contrarium*. L'ἐπαγωγή, *inductio*, abbisogna di una gran quantità di casi per porre il principio universale: l'ἀπαγωγή basta che presenti un unico caso per il quale il principio non è valido, e questo è demolito: un caso del genere si chiama «istanza», ἔνστασις, *exemplum in contrarium*, *instantia*. Per esempio, la proposizione «Tutti i ruminanti sono cornuti» viene demolita tramite l'unica «istanza» dei cammelli.
L'«istanza» è un caso di applicazione della verità generale: sotto il concetto principale di quest'ultima deve essere sussunto qualcosa per cui però quella verità generale non

vale: perciò essa viene completamente demolita. Sennonché qui possono verificarsi inganni: perciò quando l'avversario muove istanze dobbiamo stare attenti a quanto segue: 1) se l'esempio sia effettivamente vero: ci sono problemi la cui unica soluzione autentica è che il caso non è vero: per esempio molti miracoli, storie di spiriti, e così via; 2) se rientri effettivamente nel concetto della verità presentata: spesso è così solo in apparenza e per chiarirlo è necessaria una precisa distinzione; 3) se sia effettivamente in contraddizione con la verità presentata: spesso è così solo in apparenza.

STRATAGEMMA N. 26

Un tiro brillante è la *retorsio argumenti*: quando l'argomento che l'avversario vuole usare a proprio vantaggio può essere usato meglio contro di lui. Per esempio egli dice: « È un bambino, bisogna pur concedergli qualcosa »; *retorsio*: « Proprio perché è un bambino bisogna castigarlo, affinché non perseveri nelle sue cattive abitudini ».

STRATAGEMMA N. 27

Se, di fronte a un argomento, l'avversario inaspettatamente si adira, allora bisogna incalzare senza tregua con quell'argomento:

non soltanto perché va bene per farlo montare in collera, ma perché si deve supporre di aver toccato il lato debole del suo ragionamento, e di potergli nuocere, a questo punto, ancor più di quanto si possa credere in un primo tempo.

STRATAGEMMA N. 28

Questo stratagemma lo si può adoperare principalmente quando persone colte disputano davanti ad ascoltatori incolti. Quando non si dispone di alcun *argumentum ad rem* e nemmeno di uno *ad hominem*, allora se ne fa uno *ad auditores*, cioè si avanza una obiezione non valida, di cui però solo un esperto vede l'inconsistenza: ma, mentre l'avversario è un esperto, tali non sono gli ascoltatori. Ai loro occhi egli viene dunque battuto, tanto più se la nostra obiezione riesce a porre in una luce ridicola la sua affermazione. A ridere la gente è subito pronta, e quelli che ridono li si ha dalla propria parte. Per mostrare che l'obiezione è nulla, l'avversario dovrebbe inoltrarsi in una lunga discussione e risalire ai princìpi della scienza, o cose del genere: ma se lo fa, non trova facilmente ascolto.

Esempio. L'avversario dice: nella formazione della crosta rocciosa archeana, la massa dalla quale si cristallizzò il granito e tutta la roccia restante era liquida a causa del calore, cioè fusa: il calore doveva essere di circa 200° R: la massa si cristallizzò sotto la superficie del mare che la copriva. Noi avanziamo l'*argumentum ad auditores* che a quella temperatura, anzi, assai prima, a 80° R, il mare si sarebbe volatilizzato da un bel pezzo e aleggerebbe sotto forma di vapore. Gli ascoltatori ridono. Per batterci egli dovrebbe mostrare che il punto di ebollizione non dipende solo dal grado di calore, ma altresì dalla pressione atmosferica, e questa, non appena circa la metà dell'acqua del mare è evaporata, è cresciuta al punto che neppure a 200° R ha luogo l'ebollizione. Ma egli non riesce a dimostrarlo giacché per chi non sa nulla di fisica sarebbe necessario un intero trattato.

STRATAGEMMA N. 29

Se ci si accorge di venire battuti (vedi lo stratagemma n. 18), allora si fa una *diversione*, cioè si comincia d'un tratto con qualcosa di totalmente diverso, come se fosse pertinente alla questione e costituisse un argomento contro l'avversario. Questo avviene con un certo ritegno se la diversione riguarda ancora in generale il *thema questionis*; sfacciatamente se riguarda solo l'avversario e non parla affatto della cosa in questione. Per esempio: io lodavo il fatto che in Cina non esiste nobiltà ereditaria e gli uffici vengono assegnati solo in seguito a *examina*. Il mio avversario affermò che il sapere non prepara a esercitare uffici più dei privilegi di nascita (che egli teneva in qualche considerazione). Ma gli andò storta. Subito fece una diversione, dicendo che in Cina tutti i ceti vengono castigati con la punizione corporale, e mise questo in relazione con il molto bere tè, rimproverando ai Cinesi l'una e l'altra cosa. Ora, chi s'impelagasse senz'altro in tutto questo, si sarebbe lasciato sviare e quindi si sarebbe lasciato sfuggire di mano la vittoria già raggiunta.

La diversione è sfacciata quando abbandona completamente la cosa in questione e attacca circa così: « Sì, e del resto anche lei affermava di recente ecc. ». Rientra infatti, in una certa misura, nel « diventare offensivi », di cui si parlerà nell'ultimo stratagemma. Considerata in senso stretto, la diversione è un grado intermedio fra l'*argumentum ad personam*, di cui si discuterà appunto nell'ultimo stratagemma, e l'*argumentum ad hominem*.

Quanto questo stratagemma sia per così dire innato, lo mostra ogni lite fra gente comune: infatti, se uno avanza all'altro rimproveri personali, questi risponde non già confutandoli ma muovendo *lui* rimproveri personali al primo, lasciando sussistere e quindi quasi ammettendo, quelli rivolti a lui stesso. Si comporta come Scipione che affrontò i Cartaginesi non in Italia, ma in Africa. In guerra tale diversione a volte può anche dimostrarsi utile. Nel contendere non va bene, perché non si fa nulla contro i rimproveri ricevuti e chi ascolta viene a sapere le magagne di entrambe le parti. Nel disputare è in genere usata solo *faute de mieux*.

STRATAGEMMA N. 30

L'*argumentum ad verecundiam*. Al posto delle motivazioni, ci si serva di autorità, secondo le conoscenze dell'avversario. Dice *Seneca*: *unusquisque mavult credere quam judicare* [ognuno preferisce credere che giudicare. *De vita beata*, I, 4]. Si ha dunque buon gioco quando si ha dalla propria parte un'autorità che l'avversario rispetta. Ma per lui ci saranno tante più autorità valide, quanto più sono limitate le sue conoscenze e le sue capacità. Se queste sono di prim'ordine, per lui ce ne saranno pochissime, pressoché nessuna. Egli accetterà, tutt'al più, l'autorità di persone competenti in una scienza, arte o professione a lui poco nota o del tutto ignota, e anche questa con diffidenza. Al contrario, la gente comune ha profondo rispetto per gli esperti di ogni genere. Essi non sanno che chi fa professione di qualcosa non ama questa ma il suo guadagno: né sanno che chi insegna una certa cosa raramente la conosce a fondo, perché a chi la studia a fondo di solito non rimane neppure il tempo per insegnare. Solo per il *vulgus* ci sono molte autorità che trovano rispetto:

se non se ne ha alcuna che fa al caso, se ne prenda una apparentemente adatta, si citi ciò che uno ha detto in un altro senso o in altre circostanze. Le autorità che l'avversario non capisce affatto per lo più producono l'effetto migliore. Gli incolti hanno un rispetto tutto particolare per le espressioni retoriche greche o latine. All'occorrenza, le autorità si possono non solo distorcere, ma addirittura falsificare o perfino inventare: per lo più l'avversario non ha il libro a portata di mano e non sa nemmeno come consultarlo. Il più bell'esempio a questo proposito è offerto dal francese Curé, il quale, per non pavimentare la strada davanti alla sua casa, come erano obbligati a fare gli altri cittadini, citò un detto biblico: *paveant illi, ego non pavebo* [tremino pur quelli, io non tremerò].* Ciò convinse gli amministratori comunali. Anche *pregiudizi generali* possono essere usati come autorità. Infatti, con Aristotele, credo nell'*Etica Nicomachea*, i più pensano: ἃ μὲν πολλοῖς δοκεῖ ταῦτα γε εἶναι φαμέν [le cose che sembrano giuste a molti, queste diciamo che sono. *Etica Nicomachea*, X, 2, 1172 b 36]; sì, non c'è alcuna opinione, per quanto assurda, che gli uomini non abbiano esitato a far propria, non appena si è arrivati a convincerli che tale opinione è *universalmente accettata*. L'esempio fa effetto sia sul loro pensiero, sia sul loro agi-

* L'aneddoto si trova in Claude Adrien Helvétius, *De l'esprit*, II, cap. XIX.

re. Essi sono pecore che vanno dietro al montone ovunque le conduca: è per loro più facile morire che pensare. È assai curioso che l'universalità di una opinione abbia per loro tanto peso, dal momento che essi possono pur vedere su di sé quanto si accettino opinioni senza giudizio e solo in forza dell'esempio. Ma in realtà non lo vedono, perché manca loro ogni conoscenza di sé. Solo i migliori dicono, con Platone, τοῖς πολλοῖς πολλὰ δοκεῖ [i molti hanno molte opinioni. *Repubblica*, IX, 576 c], cioè il *vulgus* ha molte frottole in testa e, se si volesse tenerne conto, si avrebbe un gran da fare.

L'universalità di una opinione, parlando seriamente, non costituisce né una prova né un motivo che la rende probabile. Coloro che lo affermano devono ammettere: 1) che la distanza nel *tempo* priva quella universalità della sua forza probante: altrimenti dovrebbero riportare in vigore tutti gli antichi errori che un tempo erano universalmente considerati verità: per esempio, dovrebbero ripristinare il sistema tolemaico oppure, nei paesi protestanti, il cattolicesimo; 2) che la distanza nello *spazio* produce lo stesso effetto: altrimenti l'universalità di opinione fra chi professa il buddhismo, il cristianesimo e l'islamismo li metterà in imbarazzo. (Secondo Jeremy Bentham, *Tactique des assemblées législatives* [Genève-Paris, 1816], vol. II, p. 76).

Ciò che così si chiama *opinione generale* è, a ben guardare, l'opinione di due o tre persone; e ce ne convinceremmo se potessimo osservare come si forma una tale opinione universalmente valida. Troveremmo allora che furono in un primo momento due o tre persone ad avere supposto o presentato e affermato tali opinioni, e che si fu così benevoli verso di loro da credere che le avessero davvero esaminate a fondo: il pregiudizio che costoro fossero sufficientemente capaci indusse dapprima alcuni ad accettare anch'essi l'opinione: a questi credettero a loro volta molti altri, ai quali la pigrizia suggerì di credere subito piuttosto che fare faticosi controlli. Così crebbe di giorno in giorno il novero di tali accoliti pigri e creduloni: infatti, una volta che l'opinione ebbe dalla sua un buon numero di voci, quelli che vennero dopo l'attribuirono al fatto che essa aveva potuto guadagnare a sé quelle voci solo per la fondatezza delle sue ragioni. I rimanenti, per non passare per teste irrequiete che si ribellano contro opinioni universalmente accettate e per saputelli che vogliono essere più intelligenti del mondo intero, furono costretti ad ammettere ciò che era già da tutti considerato giusto. A questo punto il consenso divenne un obbligo. D'ora in poi, i pochi che sono capaci di giudizio sono costretti a tacere e a poter parlare è solo chi è del tutto incapace di avere opinioni e giudizi propri, ed è la semplice eco di opinioni altrui: tuttavia, proprio costoro sono difensori tanto più zelanti e intolleranti di quelle opinioni. Infatti, in colui che la pensa diversamente, essi odiano non tanto l'opinione diversa che egli professa, quanto l'audacia di voler giudicare da sé, cosa che essi stessi non provano mai a fare, e in cuor loro ne sono consapevoli. Insomma: a esser capaci di pensare sono pochissimi, ma opinioni vogliono averne tutti: che cos'altro rimane se non accoglierle belle e fatte da altri, anziché formarsele per conto proprio? Poiché questo è ciò che accade, quanto può valere ancora la voce di cento milioni di persone? Tanto quanto un fatto storico che si trova in cento storiografi, ma poi si verifica che tutti si sono trascritti l'uno l'altro, per cui, alla fine, tutto si riconduce all'affermazione di uno solo (secondo Pierre Bayle, *Pensées sur les comètes* [4ª edizione, 1704], tomo I, p. 10).

Dico ego, tu dicis, sed denique dixit et ille:
*Dictaque post toties, nil nisi dicta vides.**

Nondimeno, quando si discute con gente comune si può fare uso dell'opinione generale come di un'autorità.

In genere si troverà che quando due teste ordinarie disputano fra loro, l'arma comune che essi scelgono sono le autorità: con queste si battono l'un l'altro. Se una testa

* « Io lo dico, tu lo dici, ma alla fine lo dice anche quello: / Dopo che lo si è detto tante volte, altro non vedi se non ciò che è stato detto ». Motto che si trova in esergo alla « Parte polemica » della *Farbenlehre* [*Teoria dei colori*] di Goethe.

più fine ha a che fare con un tipo del genere, la cosa migliore è che anch'egli si adatti a quest'arma, scegliendola secondo i punti deboli dell'avversario. Infatti, contro l'arma delle ragioni questi è, *ex hypothesi*, un Sigfrido cornuto immerso nella marea dell'incapacità di pensare e giudicare.
In tribunale si disputa esclusivamente ricorrendo ad autorità, all'autorità delle leggi che è certa: è compito della facoltà del giudizio reperire la legge, cioè l'autorità, che trova applicazione nel caso dato. Ma la dialettica ha spazio d'azione sufficiente quando, all'occorrenza, il caso concreto e una legge che in realtà non si accordano vengono rigirati finché li si considera in accordo: anche viceversa.

STRATAGEMMA N. 31

Qualora non si sappia opporre nulla alle ragioni esposte dall'avversario ci si dichiari, con fine ironia, incompetenti: « Quello che lei dice supera la mia debole comprensione: sarà senz'altro giustissimo, ma io non riesco a capirlo e rinuncio a ogni giudizio ». Con ciò, negli uditori presso i quali si è tenuti in considerazione, si insinua che si tratta di una cosa insensata. Molti professori della vecchia scuola eclettica all'apparire della *Critica della ragione pura* o, meglio, quando essa iniziò a suscitare scalpore, dichiararono: « Noi non la capiamo », e con

ciò pensarono di essersene disfatti. Quando però alcuni adepti della nuova scuola mostrarono loro che avevano proprio ragione e che davvero non la capivano, il loro umore ebbe un brusco cambiamento.
Questo stratagemma si può adoperare solo laddove si sia sicuri di essere decisamente più stimati dell'avversario presso l'uditorio. Per esempio: un professore contro uno studente. In realtà rientra nello stratagemma precedente ed è un modo particolarmente malizioso di far valere la *propria autorità* in luogo delle ragioni. Il tiro contrario è: « Mi permetta, con il Suo acume dev'essere un'inezia capirlo, e può solo esser colpa della mia cattiva esposizione » – poi sbattergli la cosa sul muso in modo che, *nolens volens*, egli debba capirla, e risulti chiaro che prima, effettivamente, era lui a non averla capita. Così l'argomento è ritorto: lui voleva insinuare nei nostri confronti un non-senso: noi gli abbiamo dimostrato che era lui a non avere capito. Entrambi con squisita gentilezza.

STRATAGEMMA N. 32

Un modo spiccio per accantonare, o almeno rendere sospetta, una affermazione a noi contraria dell'avversario, è quello di ricondurla a una categoria odiata, anche se la relazione è solo di vaga somiglianza o è tirata per i capelli; per esempio: « Questo è manicheismo; questo è arianesimo; questo è pelagianesimo; questo è idealismo; questo è spinozismo; questo è panteismo; questo è brownianismo; questo è naturalismo; questo è ateismo; questo è razionalismo; questo è spiritualismo; questo è misticismo; e così via». Con ciò supponiamo due cose: 1) che quella affermazione è effettivamente identica a quella categoria, o che almeno è contenuta in essa, ed esclamiamo dunque: «Oh!, questa non è affatto nuova!»; 2) che questa categoria è già stata del tutto confutata e non può contenere una sola parola di vero.

STRATAGEMMA N. 33

«Ciò sarà anche vero in teoria; in pratica però è falso». Con questo sofisma si ammettono le ragioni e tuttavia si negano le conseguenze; in contraddizione con la regola *a ratione ad rationatum valet consequentia* [da una ragione al suo effetto vige la consequenzialità]. L'affermazione pone una cosa impossibile: ciò che è giusto in teoria *deve* valere anche in pratica: se ciò non si verifica, allora c'è un errore nella teoria, qualche cosa è stato trascurato e non è stato calcolato e, di conseguenza, è falso anche nella teoria.

STRATAGEMMA N. 34

Se a una domanda o a un argomento l'avversario non dà una risposta diretta o non prende una posizione precisa, ma evade con una controdomanda, una risposta indiretta o addirittura con qualcosa che non è pertinente all'oggetto in discussione, e vuole andare a parare da tutt'altra parte; questo è un segno sicuro che abbiamo toccato (magari senza saperlo) un punto marcio: si tratta, da parte sua, di un ammutolimento *relativo*. È necessario dunque incalzare sul punto che abbiamo toccato e non mollare, anche quando non vediamo ancora in che cosa consista la debolezza che abbiamo colpito.

STRATAGEMMA N. 35

il quale, non appena sia praticabile, rende superflui tutti gli altri: anziché agire sull'intelletto con ragionamenti, si agisca sulla volontà con motivazioni, e l'avversario, come pure gli uditori se hanno gli stessi suoi interessi, sono subito conquistati alla nostra opinione, fosse anche presa a prestito dal manicomio: per lo più, infatti, una briciola di volontà pesa più di un quintale di giudizio e di persuasione. Naturalmente funziona solo in circostanze particolari. Se si riesce a far avvertire all'avversario che la sua opinione, se fosse valida, arrecherebbe un notevole danno al suo stesso interesse, egli la lascerà cadere con la stessa rapidità con cui si molla un ferro bollente incautamente afferrato. Per esempio: un religioso difende un dogma filosofico: gli si faccia osservare che esso è indirettamente in contraddizione con un dogma fondamentale della sua chiesa, ed egli lo lascerà cadere.

Un possidente terriero afferma l'eccellenza della meccanica in Inghilterra, dove una macchina a vapore compie il lavoro di molti uomini: gli si lasci intendere che presto anche i veicoli saranno tirati da macchine a vapore, sicché i prezzi dei cavalli delle sue numerose scuderie dovranno subire un crollo – e si vedrà. In questi casi il sentimento di ognuno è di regola: *quam temere in nosmet legem sancimus iniquam* [con quanta leggerezza enunciamo una legge iniqua contro noi stessi. Orazio, *Satire*, I, 3, 67].

Si agisca così quando gli uditori, ma non l'avversario, fanno parte della nostra stessa setta, corporazione, sindacato, club, e così via. La sua tesi può anche essere giusta, ma è sufficiente alludere al fatto che essa è in contrasto con l'interesse comune della suddetta corporazione, ecc., che tutti gli uditori troveranno gli argomenti dell'avversario deboli e miserabili anche se sono ottimi, e i nostri giusti e centrati anche se fossero campati per aria; il coro si proclamerà a gran voce in nostro favore e l'avversario dovrà sgombrare il campo umiliato. Anzi, gli uditori per lo più crederanno di avere dato la loro approvazione per puro convincimento. Infatti, ciò che va a nostro danno, appare per lo più assurdo all'intelletto. *Intellectus luminis sicci non est recipit infusionem a voluntate et affectibus* [l'intelletto non è una luce che arde senza olio, ma viene alimentato dalla volontà e dalle passioni. Francis Bacon, *Novum Organon*, I, 49]. Di questo stratagemma si potrebbe dire « prendere l'albero per le radici »: di solito viene chiamato *argumentum ab utili*.

STRATAGEMMA N. 36

Sconcertare, sbigottire l'avversario con sproloqui privi di senso. Ciò riposa sul fatto che:

Gewöhnlich glaubt der Mensch, wenn er nur
[Worte hört,
Es müsse sich dabei doch auch was denken las-
*[sen.**

Se ora, in cuor suo, egli è consapevole della propria debolezza, se è abituato a sentire cose che non capisce, e tuttavia a fare come se le capisse, si può impressionarlo propinandogli con aria seria una scemenza che suona dotta o profonda, di fronte alla quale

* « L'uomo crede abitualmente, anche se solo parole sente, / che vi si debba poter trovare pur qualcosa da pensare » (Johann Wolfgang Goethe, *Faust*, I, vv. 2565-66).

gli vengono meno udito, vista e pensiero,* e spacciarla come la prova più incontestabile della propria tesi. Come è noto, recentemente alcuni filosofi hanno adoperato questo stratagemma, con esiti brillantissimi, addirittura di fronte all'intero pubblico tedesco. Poiché però si tratta di *exempla odiosa*, ricorreremo a un esempio più antico tratto da Oliver Goldsmith, *The Vicar of Wakefield* [cap. VII].

STRATAGEMMA N. 37

(che dovrebbe essere uno dei primi). Quando l'avversario, pur avendo nei fatti ragione, per fortuna sceglie una cattiva prova; non abbiamo allora difficoltà a confutarla, e poi spacciamo questa per una confutazione della cosa. In fondo, qui tutto si basa sul fatto che spacciamo un *argumentum ad hominem* per uno *ad rem*. Se a lui, o agli astanti, non viene in mente alcuna prova migliore, abbiamo vinto noi. Per esempio quando uno, per dimostrare l'esistenza di Dio, presenta la prova ontologica, assai facile da confutare. Questo è il modo in cui cattivi avvocati perdono una buona causa: vogliono difen-

* Schopenhauer pensa qui probabilmente di nuovo al *Faust* goethiano, alla scena di cui riprende le parole: « Und in den Sälen, auf den Bänken, / Vergeht mir Hören, Sehen und Denken » (I, 1886-87).

derla con una legge che non vi si presta, e quella che si presta non viene loro in mente.

ULTIMO STRATAGEMMA

Quando ci si accorge che l'avversario è superiore e si finirà per avere torto, si diventi offensivi, oltraggiosi, grossolani, cioè si passi dall'oggetto della contesa (dato che lì si ha partita persa) al contendente e si attacchi in qualche modo la sua persona. Lo si potrebbe chiamare *argumentum ad personam*, e va distinto dall'*argumentum ad hominem* che si allontana dal puro oggetto in discussione per attaccarsi a ciò che l'avversario ha detto o ha ammesso. Con quest'ultimo stratagemma, invece, si abbandona del tutto l'oggetto e si dirige il proprio attacco contro la persona dell'avversario: si diventa dunque insolenti, perfidi, oltraggiosi, grossolani. Si tratta di un appello delle forze dello spirito a quelle del corpo o all'animalità. Questa regola è molto popolare poiché chiunque è in grado di metterla in pratica, e viene quindi impiegata spesso. Ci si chiede ora quale controregola valga in questo caso per l'altra parte. Perché, se questa farà uso della stessa regola, si arriverà a una rissa, a un duello o a un processo per ingiuria.
Ci si sbaglierebbe di grosso se si pensasse che basti solo non diventare offensivi. Infatti, mostrando a uno, in tutta pacatezza, che ha torto e che dunque giudica e pensa in

maniera sbagliata, come accade in ogni vittoria dialettica, lo si amareggia più che con qualsiasi espressione grossolana e oltraggiosa. Perché? Perché, come dice Hobbes nel *De cive*, capitolo I [par. 5]: *Omnis animi voluptas, omnisque alacritas in eo sita est, quod quis habeat, quibuscum conferens se, possit magnifice sentire de seipso* [Ogni piacere dell'animo e ogni ardore risiedono nell'avere qualcuno, dal confronto con il quale si possa trarre un alto sentimento di sé]. Nulla supera per l'uomo la soddisfazione della sua vanità, e nessuna ferita duole più di quella in cui viene colpita la vanità. (Da ciò derivano modi di dire come «l'onore vale più della vita» e così via). Questa soddisfazione della vanità nasce principalmente dal confronto di se stessi con altri, sotto ogni aspetto, ma principalmente in relazione all'intelligenza. Questa soddisfazione si verifica *effective* e molto intensamente nel disputare. Di qui l'amarezza dello sconfitto senza che gli si commetta torto, e di qui il suo ricorso, come *extrema ratio*, a quest'ultimo stratagemma: ad esso non si può sfuggire con la semplice gentilezza da parte nostra. Avere un gran sangue freddo può tuttavia essere utile anche in questa occasione, se cioè, non appena l'avversario diventa offensivo, si risponde con calma che ciò non pertiene alla cosa in questione e si ritorna subito su questa, continuando a dimostrargli il suo torto senza badare alle offese – dunque più o meno come dice Temistocle ad Euribiade: πάταξον μέν, ἄκουσον δέ [bastonami ma ascoltami. Plutarco, *Temistocle*, 11, 20]. Ma questo non è da tutti.

L'unica controregola sicura è perciò quella che già Aristotele indica nell'ultimo capitolo dei *Topici*: non disputare con il primo arrivato, ma solo con coloro che si conosce e di cui si sa che hanno intelletto sufficiente da non proporre cose tanto assurde da esporli all'umiliazione; e che hanno abbastanza intelletto per disputare con ragioni, e non con decisioni perentorie, e per ascoltare ragioni e acconsentirvi; e, infine, che apprezzano la verità, ascoltano volentieri buone ragioni, anche quando provengono dalla bocca dell'avversario, e siano abbastanza equi da saper sopportare di ottenere torto quando la verità sta dall'altra parte. Da ciò segue che, fra cento persone, ce n'è forse una degna che si disputi con lei. Agli altri si lasci dire quello che vogliono, perché *desipere est juris gentium* [essere irragionevoli è un diritto umano], e si rifletta su ciò che dice Voltaire: *La paix vaut encore mieux que la vérité* [La pace è preferibile alla verità]; e un detto arabo recita: « Il frutto della pace è appeso all'albero del silenzio ».

In ogni caso, la disputa, come attrito di teste, è spesso di reciproca utilità per rettificare i propri pensieri e anche per produrre nuovi punti di vista. Ma i due contendenti devono essere pressoché pari fra loro per erudizione e intelligenza. Se uno è privo della prima, allora non capisce tutto, non è *au niveau*. Se gli manca la seconda, allora il rancore che ne sorge lo istigherà a cose sleali e ad astuzie, o alla villania.

Tra la disputa *in colloquio privato sive familiari* e la *disputatio solemnis, pro gradu* non v'è alcuna differenza essenziale. La differenza è solo che in quest'ultima si richiede che il *respondens* debba sempre ottenere ragione contro l'*opponens* e quindi che all'occorrenza chi presiede, il *praeses*, lo soccorra; o anche che in essa si argomenta in modo più ufficiale e si rivestono volentieri i propri argomenti di una forma sillogistica rigorosa.

AGGIUNTE

I

Logica e *dialettica* furono adoperate come sinonimi già dagli antichi, sebbene λογίζεσθαι, ripensare, riflettere, calcolare, e διαλέγεσθαι, conversare, siano due cose molto diverse. Il nome *dialettica* (διαλεκτική, διαλεκτικὴ πραγματεία [trattazione dialettica], διαλεκτικὸς ἀνήρ [uomo dialettico]) venne usato per la prima volta da *Platone* (come informa Diogene Laerzio): e troviamo che nel *Fedro*, nel *Sofista* e nel settimo libro della *Repubblica* egli intende con essa l'uso corretto della ragione e l'essere esercitati nel medesimo. *Aristotele* adopera τὰ διαλεκτικά nello stesso senso: egli però (secondo Lorenzo Valla) avrebbe prima adoperato λογική nel medesimo senso: troviamo nei suoi scritti λογικαὶ δυσχερείαι, cioè *argutiae* [difficoltà logiche, cioè cavillosità], πρότασις λογική [protasi logica], ἀπορία λογική [aporia logica]. Il termine διαλεκτική sarebbe dunque più antico di λογική. Cicerone e Quintiliano adoperano *dialectica* e *logica* nel medesimo significato generale. Cicerone dice nel *Lucullo* [*Academicorum libri*, II, 28, 91]: *Dialecticam inventam esse, veri et falsi quasi disceptatricem* [La dialettica fu inventata come colei che, per così dire, decide fra vero e falso]. Cicerone, *Topica*, 2: *Stoici enim judicandi vias diligenter persecuti sunt, ea scientia, quam* Dialecticen *appellant* [Gli stoici hanno infatti diligentemente perseguito i metodi del giudizio con l'aiuto di quella scienza che essi chiamano *dialettica*]. Quintiliano, *De institutione oratoria* [XII, 2]: *itaque haec pars* dialecticae, *sive illam* disputatricem *dicere malimus* [da cui viene questa parte della *dialettica* o, come noi preferiamo dire, *arte di disputare*]: quest'ultima sembra dunque essere per lui l'equivalente latino di διαλεκτική. (Tutto ciò secondo *Petri Rami dialectica, Audomari Talaei praelectionibus illustrata*, 1569). Quest'uso delle parole *logica* e *dialettica* come sinonimi si è conservato anche nel Medioevo e nell'età moderna fino ad oggi. Tuttavia in età moderna, soprattutto in Kant, si è usato il termine « dialettica » più spesso in un senso deteriore come « arte sofistica di disputare » e perciò si è preferita la denominazione « logica », in quanto meno compromessa. Tuttavia entrambe di per sé significano la stessa cosa e negli ultimi anni si è tornati a vederle di nuovo come sinonimi.

II

È un peccato che fin dall'antichità *dialettica* e *logica* siano state adoperate come sinonimi, e che quindi io non sia così libero di separare il loro significato, come altrimenti vorrei, e *definire* la *logica* (da λογίζεσθαι, riflettere, calcolare – da λόγος, parola e ragione, che sono inseparabili) come « la scienza delle leggi del pensiero, cioè del modo di procedere della ragione », e la *dialettica* (da διαλέγεσθαι, conversare: ma ogni conversazione comunica o fatti o opinioni: è cioè o storica o deliberativa) come « l'arte di disputare » (intendendo questa parola in senso moderno). Quindi, la logica ha evidentemente un oggetto puramente *a priori*, determinabile senza l'intervento dell'esperienza, ossia le leggi del pensiero, il procedere che la *ragione* (il λόγος) segue se è lasciata a se stessa e non è disturbata, cioè quando un essere razionale pensa da solo e non è tratto in errore da nulla. La *dialettica* invece tratterebbe della comunione di *due* esseri razionali, che di conseguenza pensano insieme, cosa da cui, non appena essi non concordino come due orologi sincronizzati, sorge una disputa, cioè una battaglia spirituale. Come *pura ragione* i due individui dovrebbero concordare. Le loro divergenze scaturiscono dalla diversità che è costitutiva dell'individualità, e sono dunque un *elemento empirico*. La *logica*, la scienza del pensiero, cioè la scienza del procedere della ragione pura, sarebbe dunque costruibile puramente *a priori*; la *dialettica* in gran parte solo *a posteriori*, dalla conoscenza, acquisita per esperienza, dei perturbamenti che il pensiero puro subisce – quando due esseri razionali pensano insieme – a opera della diversità dell'individualità, e dalla conoscenza dei mezzi che gli individui adoperano l'uno contro l'altro per far valere ciascuno il proprio pensiero individuale come puro e oggettivo. La natura umana comporta infatti che quando nel pensare in comune, nel διαλέγεσθαι, cioè nel comunicare opinioni (eccettuati i discorsi di tipo storico), *A* si accorge che i pensieri di *B* sul medesimo oggetto divergono dai suoi, egli non va per prima cosa a riesaminare il proprio pensiero per trovare l'errore, ma presuppone che questo si trovi nel pensiero dell'altro: cioè l'uomo è per natura *prepotente*, vuole aver ragione: e ciò che consegue da questa proprietà è l'insegnamento della disciplina che io vorrei chiamare *dialettica* e che tuttavia, per evitare malintesi, chiamerò *dialettica eristica*. Essa sarebbe dunque la dottrina del modo di procedere della naturale prepotenza umana.

NOTE

1. Gli antichi adoperano logica e dialettica per lo più come sinonimi, e altrettanto fanno i moderni.

2. *Eristica* sarebbe solo una parola più ostica per indicare la medesima cosa. Aristotele (secondo Diog. Laert., V, 28) ha messo insieme retorica e dialettica, il cui scopo è la persuasione, τὸ πιθανόν e anche analitica e filosofia, il cui scopo è la verità. Διαλεκτικὴ δέ ἐστι τέχνη λόγων, δι' ἧς ἀνασχευάζομέν τι ἢ κατασκευάζομεν, ἐξ ἐρωτήσεως καὶ ἀποκρίσεως τῶν προσδιαλεγομένων [La dialettica è l'arte del discorso, per mezzo della quale demoliamo o affermiamo qualcosa muovendo dalla domanda e dalla risposta degli interlocutori]. (Diog. Laert., III, 48, in *Vita Platonis*). Aristotele distingue invero: 1) la *logica* o analitica, come teoria o indicazioni per ottenere i sillogismi veri, quelli apodittici; 2) la *dialettica* o indicazioni per ottenere i sillogismi che valgono per veri, correntemente ritenuti veri, ἔνδοξα, *probabilia* (*Topici*, I, 1 e 12), a proposito dei quali non è stabilito che siano falsi, ma nemmeno che siano veri (in sé e per sé), non essendo questo l'importante. Ma ciò che cosa è se non l'arte di ottenere ragione, non importa se poi in fondo la si abbia o meno? Dunque è l'arte di conseguire l'apparenza della verità senza badare a come stanno realmente le cose. Quindi, come detto all'inizio. Aristotele suddivide propriamente i sil-

logismi in logici e dialettici, come abbiamo detto, poi in: 3) *eristici* (*eristica*), nei quali la forma del sillogismo è corretta, ma le proposizioni stesse, la materia del sillogismo, non sono vere, ma appaiono soltanto tali, e infine 4) *sofistici* (*sofistica*), nei quali la forma del sillogismo è falsa, e tuttavia sembra corretta. Tutte le ultime tre specie rientrano propriamente nella *dialettica* eristica, poiché tutte mirano non alla verità oggettiva, ma alla parvenza della medesima, senza badare ad essa, dunque mirano a *ottenere ragione*. Inoltre, il libro sui sillogismi sofistici fu edito solo più tardi: era l'ultimo libro della dialettica.

3. Machiavelli prescrive al principe di sfruttare ogni momento di debolezza del suo vicino per aggredirlo: perché altrimenti questi potrebbe un giorno sfruttare il momento in cui è lui a essere debole. Se regnassero fedeltà e lealtà, allora le cose sarebbero diverse: poiché però non ce le dobbiamo attendere, non è lecito esercitarle, perché sono cose mal ripagate. Lo stesso accade anche nel disputare: se dò ragione all'avversario non appena egli sembra averla, difficilmente egli farà lo stesso quando la situazione si rovescerà: egli procederà piuttosto *per nefas*: allora devo farlo anche io. È facile dire che bisogna perseguire solo la verità senza predilezione per la propria tesi: ma non si deve presupporre che l'altro lo farà: e allora non dobbiamo farlo neppure noi. Inoltre, se non appena mi sembrasse che l'altro ha ragione, io volessi abbandonare la mia tesi che pure in precedenza avevo ben ponderato, potrebbe succedere facilmente che, fuorviato da un'impressione momentanea, io abbandoni la verità per accogliere l'errore.

4. *Doctrina sed vim promovet insitam* [La dottrina

però promuove la facoltà innata. Orazio, *Carmina*, IV, 4, 33].

5. E, d'altra parte, nel libro *de elenchis sophisticis* egli si preoccupa ancora una volta troppo di separare la *dialettica* dalla *sofistica* e dall'*eristica*; la differenza dovrebbe consistere in questo: i sillogismi dialettici sono veri nella forma e nel contenuto, mentre i sillogismi eristici o sofistici – che si distinguono solo per il fine che nei primi (eristica) è l'avere ragione in sé, negli ultimi (sofistica) è l'ottenere credito per mezzo di essi e, con tale credito, guadagnare denaro – sono falsi. Sapere se le proposizioni siano vere nel contenuto è cosa sempre troppo incerta perché se ne debba ricavare il criterio discriminante, e meno ancora può esserne del tutto certo colui che disputa: lo stesso risultato della disputa offre, a questo proposito, solo un'informazione incerta. Dobbiamo perciò includere nella *dialettica* di Aristotele sofistica, eristica e peirastica, e definirla come l'*arte di ottenere ragione nel disputare*: qui l'aiuto migliore è, certo, prima di tutto avere ragione nella questione che si discute: ma questo, per sé, dato il modo di pensare della gente, non è sufficiente e, d'altro canto, data la debolezza del loro intelletto, non è neppure del tutto necessario: ne fanno parte dunque anche altri stratagemmi, i quali, proprio perché sono indipendenti dall'avere ragione oggettivamente, possono anche essere adoperati quando si ha oggettivamente torto: e se le cose stiano proprio così, non lo si sa quasi mai con assoluta certezza.

Il mio punto di vista, dunque, è che la *dialettica* va separata dalla *logica* più nettamente di quanto abbia fatto Aristotele, lasciando la verità oggettiva, nella misura in cui essa è *formale*, alla *logica* e limitando la *dialettica* all'*ottenere ragione*: e, in secondo luogo, che *sofistica* ed *eristica* non vanno separate dalla dialettica così come fa Aristotele: poiché questa differenza riposa sulla verità materiale oggettiva, sulla quale non possiamo venire in chiaro con certezza preventivamente, ma dobbiamo dire con Ponzio Pilato: « Che cos'è la verità? ». Infatti *veritas est in puteo*: ἐν βυθῷ ἡ ἀλήθεια [la verità sta nel profondo], secondo il detto di Democrito (Diog. Laert., IX, 72). È facile a dirsi che nel contendere non bisogna avere di mira altro se non il portare alla luce la verità: il fatto è che non si sa ancora dove essa sia: si viene fuorviati dagli argomenti dell'avversario e anche dai propri. Del resto *re intellecta, in verbis simus faciles* [una volta capìta una cosa, si fa presto a metterla in parole]: poiché si è soliti prendere nel complesso il termine *dialettica* come equivalente a *logica*, vogliamo chiamare la nostra disciplina *dialectica eristica*.

6. I concetti però si possono ricondurre entro certe classi, come genere e specie, causa ed effetto, proprio e opposto, possesso e privazione, e simili; e per queste classi valgono alcune regole generali: queste sono i *loci*, τόποι. Per esempio un *locus* di causa ed effetto è: « La causa della causa è causa dell'effetto »; applicandolo abbiamo: « La causa della mia felicità è la mia ricchezza: dunque colui che mi ha dato la ricchezza è anch'egli autore della mia felicità ». *Loci* di contrari: 1) si escludono; per esempio: diritto e curvo; 2) sono nello stesso soggetto; per esempio: se l'amore ha sede nella volontà (ἐπιθυμητικόν), allora anche l'odio. Se però questo ha sede nel sentimento (θυμοειδές), allora anche l'amore. Se l'anima non può essere bianca, allora non

può neppure essere nera; 3) se manca il grado inferiore, allora manca anche quello superiore: se un uomo non è giusto, allora non è nemmeno benevolo. Da ciò si vede che i *loci* sono certe *verità generali che riguardano intere classi di concetti, alle quali dunque ci si può all'occorrenza rifare per attingere da esse i propri argomenti, anche per appellarsi ad esse come universalmente evidenti*. Tuttavia la maggior parte dei loci sono molto ingannevoli e soggetti a molte eccezioni. Per esempio un *locus* è: cose fra loro contrapposte stanno in un rapporto di contrapposizione; per esempio la virtù è bella, il vizio brutto; l'amicizia è benevola, l'inimicizia malevola. Però: lo spreco è un vizio, dunque l'avarizia una virtù; i matti dicono la verità, allora i saggi mentono: non funziona. La morte è un trapassare, allora la vita è un nascere: falso.
Esempio della fallacia di tali *topoi*: Scoto Eriugena, nel libro *De praedestinatione*, capitolo III, vuole confutare gli eretici che ammettevano in Dio due *praedestinationes* (una degli eletti alla salvezza, l'altra degli abietti alla dannazione), e adopera a tal fine questo *topus* (da dove l'abbia preso Dio solo lo sa): *Omnium, quae sunt inter se contraria, necesse est eorum causas inter se esse contrarias; unam enim eandemque causam diversa, inter se contraria efficere* ratio prohibet [Le cause di tutte le cose tra loro contrarie devono essere tra loro contrarie; infatti, che un'unica e medesima causa abbia come effetto cose diverse e fra loro contrarie *lo vieta la ragione*]. Bene! ma l'*experientia docet* che lo stesso calore rende dura l'argilla e molle la cera, e cento simili cose. E tuttavia il *topus* suona plausibile. Egli costruisce tranquillamente la sua dimostrazione a partire dal *topus*, ma la dimostrazione non ci interessa più.

Un'intera raccolta di *loci* con le loro confutazioni è stata compilata da Bacone di Verulamio con il titolo *Colores boni et mali*. Essi possono servire qui come esempi. Egli li chiama *Sophismata*.
Può essere considerato un *locus* anche l'argomento con il quale Socrate, nel *Simposio*, dimostra ad Agatone, che aveva attribuito all'amore tutte le qualità eccellenti, bellezza, bontà, ecc., il contrario: « Ciò che uno cerca non ce l'ha: ora, l'amore cerca il bello e il buono; dunque non li ha ». Ha una parvenza di plausibilità la tesi secondo cui ci sarebbero certe verità generalmente valide applicabili a tutto e per mezzo delle quali, dunque, si potrebbero decidere tutti i casi singoli che si presentano, ancorché così eterogenei, senza occuparsi più da presso del loro aspetto specifico. (La legge di compensazione è proprio un buon *locus*). Ma questo non va, proprio perché i concetti sono sorti per astrazione dalle differenze e perciò comprendono quanto vi è di più differente e che viene fuori di nuovo quando, per mezzo dei concetti, si associano fra di loro singole cose delle specie più diverse e si decide solo secondo i concetti generali. È perfino naturale per l'uomo, qualora nel disputare sia incalzato, salvarsi dietro un qualche *topus* generale. *Loci* sono anche la *lex parsimoniae naturae* [legge di economia della natura] e il principio *natura nihil facit frustra* [la natura non fa nulla inutilmente]. Anzi, tutti i proverbi sono *loci* a tendenza pratica.

7. Secondo Diogene Laerzio, tra i numerosi scritti retorici di Teofrasto, tutti perduti, ve n'era uno dal titolo 'Αγωνιστικὸν τῆς περὶ τοὺς ἐριστικοὺς λόγους θεωρίας [Discussione sulla teoria dei discorsi eristici], che farebbe al caso nostro.

8. *Sophisma a dicto secundum quid ad dictum simpliciter* [Sofisma che passa da qualcosa detto relativamente a qualcosa detto in assoluto; *Confutazioni sofistiche*, 5, 166 b 38-167 a 1]. È in Aristotele il secondo *elenchus sophisticus* ἔξω τῆς λέξεως: τὸ ἁπλῶς ἀλλὰ πῇ ἢ ποῦ ἢ ποτὲ ἢ πρός τι λέγεσθαι [confutazione sofistica al di fuori della dizione, cioè indipendente dal modo di esprimersi: l'essere detto in assoluto o non in assoluto, ma in un qualche modo o in un qualche luogo o in un qualche tempo o in relazione a qualcosa]: *Confutazioni sofistiche*, cap. 5 [4, 166 b 22].

SCHOPENHAUER E LA DIALETTICA

DI FRANCO VOLPI

1. *Quale dialettica?*

« Organo » della naturale cattiveria umana, indispensabile strumento per affrontare le discussioni con successo e potere così soddisfare la naturale prepotenza umana, insomma, la volontà di ottenere ragione indipendentemente dal fatto di averla: questo, e niente di più, è per Schopenhauer la dialettica. Di qui la denominazione del suo trattatello, *dialectica eristica*, ossia una tecnica dell'argomentazione finalizzata all'unico scopo di ottenere la vittoria nel contendere (in greco: ἐρίζειν), senza badare alla verità. Schopenhauer espose le idee poi confluite in questa sua operetta, mai pubblicata, nelle lezioni tenute in qualità di libero docente all'Università di Berlino, e le riespose più tardi nei *Parerga e paralipomena*.

Negli stessi anni e nella stessa città, anzi, nella stessa università, dall'alto della sua fama e della sua autorevole cattedra, Hegel sosteneva una idea di dialettica diametralmente opposta. La dialettica era per lui la forma stessa dello spiegarsi e svilupparsi dello spirito, secondo un percorso che attraverso le mille vie del reale si eleva fino all'Assoluto, e precisamente nella forma di quel sapere che si autocomprende come l'esplicarsi della totalità stessa. Ma il successo che gli arrideva fu troncato dalla morte prematura, per colera, che lo colse nel 1831, in seguito a una epidemia scatenatasi nella città. Schopenhauer,

dal canto suo, pensò bene di evitare ogni rischio lasciando di gran fretta Berlino per Francoforte.
Entrambi, ognuno a suo modo, avevano e hanno ottenuto ragione. L'idea hegeliana di dialettica, sia con la scuola di Hegel e con i vari hegelismi, sia attraverso il suo sviluppo nell'ambito del marxismo, ha goduto di un successo e di una diffusione senza pari, al punto da diventare non solo un sistema filosofico, ma una vera e propria visione del mondo. Ancora oggi, quando in filosofia si parla di dialettica, si pensa alla concezione di Hegel o alle sue filiazioni nel marxismo, quindi alla dialettica intesa come la struttura non solo del pensiero, ma anche della realtà che il pensiero conosce. Una concezione della dialettica, questa, che ha tenuto il campo per quasi due secoli, occupando in filosofia il valore semantico della stessa parola.
L'idea schopenhaueriana di dialettica, dal canto suo, non ha particolare bisogno di seguaci né di cattedre o scuole di filosofia per affermarsi; essa riprende in fondo una concezione di dialettica più antica di ogni scuola, e le sue radici risalgono alle origini del pensiero occidentale, al mondo greco; anzi, al di là di questo, essa è radicata nella stessa condizione umana, al punto da essersi sedimentata anche nel linguaggio comune: qui la ritroviamo ancora oggi, visto che anche per noi, nel nostro parlare quotidiano, « dialettica » significa in generale abilità nel discutere, cioè proprio quello che ne dice Schopenhauer.
Ma come è accaduto tutto questo? Come hanno potuto Schopenhauer e Hegel – che, tra l'altro, muovevano entrambi dallo stesso pensatore, cioè da Kant – arrivare a dialettiche tanto differenti, e per di più, ognuno con buone ragioni dalla propria parte?

2. *Le nozze di Mercurio e Filologia*

La storia era cominciata molto tempo prima, attraversando fasi e vicende innumerevoli e complesse, di cui non sempre è riconoscibile il filo conduttore unitario. Per cercare di fare un po' di luce, potremmo ricordare almeno alcune tappe essenziali di questa storia. Ottimo punto di partenza è un testo latino del V secolo d.C., di fondamentale importanza per la funzione-cerniera che svolse nella mediazione tra la cultura pagana tardo-antica, della quale fu espressione, e quella incipiente dell'Occidente cristiano, dalla quale fu profondamente recepito, godendo di una vasta e prolungata fortuna per tutto il Medioevo. Si tratta del *De nuptiis Mercurii et Philologiae* del retore nordafricano Marziano Capella, nella quale troviamo, alle soglie della nostra era, una rappresentativa esposizione della dialettica e quindi una significativa testimonianza della trasmissione del *corpus dialecticum* tardo-antico all'Occidente latino.[1]

Si tratta di un testo che, in una forma letteraria mista di versi e prosa conforme alla tradizione della satira menippea, rappresenta l'ultimo tentativo compiuto dall'antichità pagana per offrire un compendio sistematico del complesso delle sette arti liberali, del tipo di quello fornito da Marco Terenzio Varrone nei suoi *Disciplinarum libri IX*, cioè di quella articolazione del sapere che rappresenta il canale più importante per la

1. L'opera può essere tenuta presente nell'edizione a cura di Adolf Dick, Teubner, Stutgardiae, 1925 (con *addenda* di Jean Préaux, *ibid.*, 1969, e con *addenda* e *corrigenda* sempre di J. Préaux, *ibid.*, 1978), oppure in quella più recente di James Willis, *ibid.*, 1983.

trasmissione del sapere stesso lungo tutto il Medioevo fino al Rinascimento e all'età moderna, quando con l'irrompere del nuovo ideale della scienza moderna tale tradizione entrerà in crisi. Marziano Capella riprende l'ideale varroniano di un'enciclopedia del sapere, articolata secondo « arti » o « discipline » autonome, ognuna con un proprio metodo e oggetto, ma lo espone inserendolo in un quadro mitologico-religioso, e questo spiega probabilmente la fortuna di cui l'opera godette anche nel Medioevo cristiano. Gli dèi dell'Olimpo – narra Marziano Capella – si preoccupavano del fatto che Mercurio, dio del linguaggio e della parola, ancora non aveva trovato una sposa a lui adatta. Per porre fine al suo perdurante celibato, combinarono per lui le nozze con una vergine mortale, Filologia, simbolo dell'amore per il *logos*, la quale dopo l'unione con Mercurio viene accolta tra gli immortali. La cerimonia nuziale ha luogo al cospetto delle divinità olimpiche riunite attorno a Giove. La sposa giunge accompagnata da sette damigelle d'onore, che personificano le sette arti liberali: le tre del discorso, cioè grammatica, dialettica e retorica (il *trivium*), e le quattro del numero, cioè geometria, aritmetica, astronomia, musica (il *quadrivium*). Ognuna delle sette damigelle espone i contenuti del sapere che essa rappresenta, e alla fine dello sposalizio risulterà consacrata l'unione dell'infinita potenza del linguaggio con la sua esplicazione in un sapere scientificamente ordinato.

Interessante per noi è la comparsa, nel quarto libro dell'opera, della Dialettica, personificata da una damigella che avanza per seconda, dopo la Grammatica. Marziano Capella ne descrive accuratamente l'aspetto, il portamento e gli attributi. È pallida in volto, ma il suo sguardo è mobile e penetrante; i capelli, fittamente ma ordinatamente intrecciati, le adornano in modo accurato e completo il capo; porta la veste e il pallio di Atene, e in mano tiene i simboli del suo potere: nella sinistra un serpente avvolto in spire immani, nella destra alcune formelle con splendide e variopinte raffigurazioni, legate da un uncino nascosto; e mentre la sinistra nasconde sotto il pallio le sue insidie viperine, la destra è invece esibita a tutti. L'aspetto della Dialettica è nell'insieme aggressivo e minaccioso, ed essa proferisce ad alta voce, in tono sacerdotale e divinatorio, formule incomprensibili ai più: che l'universale affermativa è contrapposta in modo obliquo alla particolare negativa, e che entrambe sono convertibili; parla inoltre di univocità ed equivocità, e asserisce di essere la sola in grado di distinguere il vero dal falso.

Un'entrata in scena piena di tensione, che suscita un certo sgomento negli dèi, ma che Bromio, cioè il « rumoroso » Dioniso-Bacco, sdrammatizza, osservando quanto la nuova venuta assomigli a una strega ciarlatana e provocando così tra gli spettatori una certa ilarità. Ma la dea Pallade, che conosce bene la Dialettica, interviene per dire che essa non è personaggio da deridere, e lo si vedrà non appena essa avrà esposto i suoi insegnamenti. Giove esorta allora la giovine a esporre in latino il suo sapere. La Dialettica dichiara in esordio di avere origini greche, ma di potere ugualmente esprimersi in latino grazie al prezioso lavoro di mediazione compiuto da Varrone, che per primo ha tradotto nella lingua dei Romani i suoi insegnamenti, apprendendoli dai testi di Platone e di Aristotele. Il proprio nome, Dialettica, lo ha però conservato in greco, ed esso è dunque rimasto lo stesso ad Atene e a Roma. La Dialettica incomincia quindi l'esposizione del suo insegnamento, che comprende, secondo l'ordine in uso nelle scuole greche ripreso da Varrone, l'intero corpus di dottrine della logica classica, articolato nel seguente modo:

1) *de loquendo*, cioè la dottrina del significato dei termini, comprendente i cinque predicabili (genere, specie, definizione, proprio, accidente), gli *antepraedicamenta* o *instrumenta categoriarum* (cioè la distinzione di diversi tipi di denominazione: equivoca, univoca, plurivoca, propria, aliena), le categorie (sostanza, quantità, qualità, relazione, spazio, tempo, fare, patire, stato, abito), i *postpraedicamenta* (cioè le quattro forme di opposizione: contraddittorietà, privazione, contrarietà, relatività), la definizione e la divisione;

2) *de eloquendo*, cioè la dottrina del discorso e delle sue parti (*nomen* e *verbum* che formano la *oratio*);

3) *de proloquendo*, comprendente la dottrina della proposizione predicativa o giudizio (*proloquium*), il quale, in quanto sintesi o diairesi di rappresentazioni, ha la caratteristica di poter essere vero o falso, le *differentiae proloquiorum* (ossia la qualità affermativa o negativa e la quantità universale o particolare dei giudizi), le *proloquiorum affectiones* e la conversione delle proposizioni;

4) *de proloquiorum summa*, vale a dire la dottrina del sillogismo quale concatenazione di proposizioni, e le sue diverse forme (categorico, ipotetico e misto).[2]

2. Non vengono trattate altre due dottrine annunciate inizialmente come di spettanza della Dialettica, vale a dire la dottrina del discorso poetico (*quinta de iu-*

Dopo l'esposizione di questi suoi insegnamenti, la Dialettica si accinge a continuare con l'illustrazione della dottrina dei sofismi, dei ragionamenti capziosi, delle fallacie e degli inganni che è possibile perpetrare per mezzo della parola, argomenti trattati nelle *Confutazioni sofistiche* di Aristotele. Ma interviene a questo punto Pallade che interrompe la Dialettica, non solo per non stancare l'uditorio, ma anche perché l'esposizione degli inganni sofistici non si conviene al cospetto di Giove e degli altri divini. Dice dunque Pallade rivolgendosi alla Dialettica per interromperla: « Basta così, o nobile fonte della scienza profonda (*profundae fons decens scientiae*) che svela le realtà nascoste dissertando senza tralasciare nulla di poco chiaro né abbandonando nulla di ignoto ».[3]

Due sono gli spunti di questo testo che vanno messi in evidenza ai fini della nostra storia: il primo è che la dialettica viene considerata come la fonte stessa del sapere scientifico (*fons scientiae*) ed è tendenzialmente identificata con la logica intesa come l'insieme delle regole del ragionare e dell'argomentare corretti al fine di discernere il vero dal falso. L'altro è che la dialettica, proprio per la sua natura di fonte del sapere, viene tenuta rigorosamente separata dalla sofistica e dall'eristica, che del sapere hanno solo la parvenza.

La presenza di questa idea di dialettica tra la fine del mondo antico e l'inizio della nostra era, do-

dicando, quae pertinet ad iudicationem poetarum et carminum) e quella della dizione retorica (*sexta de dictione, quae dicenda rhetoribus commodata est*).

3. Marziano Capella, *De nuptiis*, cit., IV, 423 (208, 14-16 Dick; 146, 7-9 Willis).

cumentata in maniera così plastica dal *De nuptiis*, viene ulteriormente confermata da altri testi molto diffusi nel Medioevo in cui è possibile ritrovarla, come le *Institutiones* (cap. 3) di Aurelio Cassiodoro, le *Etymologiae* (libro II, capp. 22-31) di Isidoro di Siviglia, il *De dialectica* di Alcuino. E si può ricordare anche il *De dialectica* (o *Principia dialecticae*), opera assai diffusa, di dubbia autenticità, ma forse di sant'Agostino, che definisce la dialettica come la *disciplina disciplinarum* o la *scientia veritatis*.[4]

Abbiamo qui dunque, nella transizione dal mondo antico a quello dell'« età di mezzo », un'idea decisamente positiva della dialettica, intesa come fonte di scienza, che non manca di colpire, dopo aver letto il testo di Schopenhauer. Ci domandiamo: come è potuto accadere tutto questo? Come si è arrivati a vedere nella dialettica la fonte della scienza?

3. *La dialettica degli antichi*

La nostra storia deve risalire ancora più indietro, alle origini stesse della dialettica. Grazie ai risultati ormai consolidati di una intera serie di studi, possiamo affermare che la dialettica nacque con la democrazia ateniese del V secolo a. C., cioè quando, con la libertà politica, si realiz-

4. Sant'Agostino sostiene anzi la congruità della dialettica con la teologia cristiana. Infatti, poiché la struttura della dialettica è *disputatoria*, chiunque discuta è un dialettico: dunque anche san Paolo lo è, in quanto discute con i giudei e i pagani per difendere il verbo; persino la stessa voce di Dio lo è, secondo quanto è scritto in *Is*, 1, *18*: *venite, disputemus, dicit Dominus*.

zarono le condizioni che resero possibile la libertà di pensiero e di espressione. L'uguaglianza dei cittadini di fronte alla legge (ἰσονομία) ha – come ricorda Erodoto, fautore della democrazia (V, 78) – la sua realizzazione principale nell'uguale diritto di parola nelle discussioni pubbliche (ἰσηγορία), un diritto, questo, che per i critici della democrazia, come Isocrate (*Areopagitico*, 20), è degenerato nella facoltà di dire qualsiasi cosa, nel parlare per parlare (παρρησία). L'autorevole testimonianza di Platone (*Gorgia*, 461 e; *Leggi*, I, 641 e) ci conferma che la libertà di parola (ἐξουσία τοῦ λέγειν) era in Atene maggiore che in ogni altra città della Grecia, tanto che le si poteva attribuire con diritto l'appellativo di città « amante del discorso » (φιλόλογος) o « dai molti discorsi » (πολύλογος). In tale contesto storico-politico si ebbe, come è noto, la nascita di quel movimento culturale che fu la sofistica e quindi delle filosofie di Socrate, Platone e Aristotele, nelle quali la dialettica venne ad assumere una importanza decisiva.

A tale proposito, quanto al termine come tale, sappiamo che il verbo διαλέγεσθαι è attestato già in Omero, ma solo da Platone viene usato in una accezione propriamente filosofica, cioè nel senso del discutere in vista della cosa stessa, ossia in vista del difendere o dell'attaccare una tesi al fine di stabilirne la verità o falsità, ed è in quanto tale contrapposto a ἐρίζειν, ossia al contendere per il contendere. In Platone è usato pure per la prima volta in senso tecnico l'aggettivo διαλεκτικός per caratterizzare l'arte del discorso e colui che la pratica. Ma la dialettica era già nata prima che le venisse trovato il nome. Aristotele, secondo un frammento pervenutoci del suo dialogo giovanile perduto sul *Sofista*, considerava come sco-

pritore o inventore (εὑρετής) della dialettica l'eleate Zenone (fr. 65 Rose; 1 Ross; 39 Gigon). Una testimonianza, questa, che è confermata da quanto Platone ci dice di Zenone, che nel *Fedro* viene soprannominato il « Palamede di Elea », giacché, come il personaggio omerico, « parlava con tanta arte che a chi lo ascoltava le stesse cose apparivano simili e dissimili, una e molte, ferme e in movimento » (*Fedro*, 261 d); e l'arte di Zenone viene poi definita come « arte dell'antilogia », cioè del produrre contraddizioni.
Quanto alla sofistica, i due esponenti che possono essere ricordati per la dialettica sono Protagora e Gorgia. Protagora pratica quello che verrà poi chiamato da Platone il metodo dialettico, ossia il confronto e la contesa fra due opinioni contrapposte attraverso il dialogo che ha luogo fra due interlocutori che cercano di confutarsi a vicenda, e viene distinto in quanto « discorso breve » (βραχυλογία) dal « discorso lungo » (μακρολογία), « monologico », della retorica. Protagora era noto nell'antichità come colui che per primo affermò che su ogni argomento è possibile sostenere opinioni opposte (Diels-Kranz, 80 A 1); abbiamo notizia di una sua opera perduta intitolata *Antilogie*, cioè appunto « discorsi opposti », che inaugurò una tradizione letteraria di cui ci è stato conservato un significativo esempio nei cosiddetti *Dissoì lógoi*, uno scritto anonimo che, su alcuni argomenti fondamentali (che cosa è bene e che cosa è male? che cosa è giusto e che cosa ingiusto? che cosa è decente e che cosa indecente?), sviluppa « discorsi duplici », ossia opposti l'uno all'altro. La posizione filosofica di Protagora, basata sulla convinzione che « tutte le opinioni sono vere » (Platone, *Teeteto*, 166 d sg.) e che « l'uomo è misura di tutte le cose » (Diels-

Kranz, 80 B 1), culmina, come è noto, in una valorizzazione dell'opinione (δόξα) e della democrazia.

Quanto a Gorgia, egli merita di essere qui ricordato perché argomentava secondo un metodo dialettico molto simile a quello seguito da Zenone, ma con finalità filosofiche opposte, cioè non per sostenere l'immutabilità dell'essere, ma per ricavarne una sorta di nichilismo *ante litteram* in cui l'esistenza e la dicibilità dell'essere vengono negate. Più che filosofo, Gorgia fu soprattutto maestro di retorica e di eristica, cioè dell'arte del discorso praticata al solo fine di persuadere l'ascoltatore ovvero di riportare la vittoria nelle discussioni senza curarsi della verità. Il discorso è infatti inteso da Gorgia come un « grande signore » (δυνάστης μέγας) perché in esso è possibile sostenere tutto e il contrario di tutto, anzi, è in suo potere la creazione della realtà che esso significa: può persino dare da intendere ai Greci l'innocenza di Elena, cosa che Gorgia stesso intese fare con il suo *Encomio di Elena*. Da un punto di vista filosofico, applicando il metodo dialettico confutatorio praticato anche da Zenone, consistente nel ridurre a contraddizione la tesi opposta a quella che si intende sostenere, Gorgia arriva a formulare nel trattato *Sul non essere, ovvero sulla natura* (Περὶ τοῦ μὴ ὄντος ἢ περὶ φύσεως) le sue celebri tre tesi: l'essere non è; se anche fosse, non sarebbe conoscibile; se anche fosse conoscibile, non sarebbe comunicabile (ἀνερμήνευτον).

L'altro grande padre-fondatore della dialettica è Socrate, il quale, con il suo originale insegnamento, che ci viene presentato nelle testimonianze di Platone, di Aristotele e di Senofonte, mise in pratica il metodo dialettico già usato da

Protagora, ma con finalità e con esito diversi. Formalmente, Socrate praticava lo stesso metodo della discussione dialettica, per mezzo di domande e risposte, usato anche dai sofisti (l'unica differenza notabile, almeno esteriormente, era che i sofisti si facevano pagare per il loro insegnamento, mentre Socrate no). Socrate portò anzi tale metodo a una perfezione tecnica maggiore attraverso una serie di procedimenti logici, primo fra tutti quello della «confutazione» (ἔλεγχος), mirante a dimostrare la contraddittorietà e quindi l'insostenibilità di una determinata opinione presa in esame. È un procedimento dialettico che ha luogo nel dialogo, in quanto consiste nel cercare di farsi concedere dall'interlocutore, per mezzo di domande appropriate, determinate premesse da cui inferire conclusioni in contrasto con la tesi sostenuta dall'avversario, così da metterlo in contraddizione con se stesso.
In realtà, con Socrate avviene un mutamento decisivo nella configurazione della dialettica, che dipende dal diverso atteggiamento da lui assunto nei confronti delle opinioni. Dal fatto che queste ultime si rivelano tutte ugualmente confutabili o sostenibili, egli non trae, come Protagora, la convinzione che la dialettica abbia un compito analogo a quello della retorica, cioè il persuadere o dissuadere in merito all'una o all'altra indipendentemente dal vero, cioè egli non ne evince la tesi che tutte le opinioni sono vere, bensì, al contrario, che esse sono tutte false, o meglio: in quanto possono essere tanto vere quanto false, esse non hanno quel carattere di sapere stabile proprio dell'universale (τὸ καθόλου), cioè della scienza (ἐπιστήμη). Il compito della dialettica diventa un compito critico: essa

non deve mettersi al servizio di questa o di quella opinione, per sostenerla o per demolirla, ma deve invece mettere alla prova tutte le opinioni cercando di confutarle nella loro pretesa di valere come vero sapere pur non essendolo. Partendo dalle opinioni, dunque, la dialettica socratica fa nascere l'esigenza di ciò che non è più una opinione, un parere e un punto di vista particolare, prospettico e soggettivo, ma è il superamento di ogni prospetticità e soggettività, è cioè l'universale, la scienza. La dialettica socratica è dunque liberata da qualsiasi interferenza con la retorica ed è chiaramente praticata in vista della scienza, anche se in realtà essa non arriva a un vero e proprio coglimento e a una vera e propria formulazione del sapere, ma si attiene all'esigenza radicalmente critica del « sapere di non sapere ». Sarà Platone a svilupparla nel senso del sapere epistemico.

Per illustrare anche solo nelle sue linee essenziali lo sviluppo sistematico che Platone dà al metodo dialettico di Socrate – arrivando, con la dottrina delle idee, a formulare l'universale cercato da Socrate in una forma non aporetica, bensì sistematica, e identificando quindi la dialettica con la filosofia – sarebbe necessaria una trattazione a sé stante. Vero è che nel nostro contesto – in cui interessa soprattutto il rapporto tra dialettica ed eristica – Platone, con la sua dialettica, non sembra costituire per Schopenhauer, che pure lo ammira come « divino », un punto di riferimento, mentre lo è sicuramente Aristotele. Questo perché – ed è quello che qui importa rilevare – Platone sostiene una concezione di dialettica opposta a quella riscoperta da Schopenhauer: Platone contesta infatti radicalmente la concezione sofistica, retorica ed eristica della dialettica, perché questa non è per lui una mera tecnica argomentativa sganciata dal riferimento alla verità della cosa in questione, ma è al contrario il metodo rigoroso per la ricerca della verità.

Questo può essere detto in generale, ma, a ben guardare, la concezione platonica della dialettica non è la stessa in tutti i dialoghi. Essa subisce infatti una evoluzione nel corso della quale viene progressivamente sviluppata a partire dalla concezione socratica, che è quella che si trova nei dialoghi giovanili, fino a diventare un vero e proprio metodo sistematico del filosofare, che caratterizza invece i dialoghi «dialettici», così denominati perché in essi la teorizzazione della dialettica raggiunge il suo apice.

Un primo accenno alla dialettica si trova nel *Menone* (75 d), un dialogo che riflette ormai l'esigenza di sviluppare in positivo l'insegnamento socratico e che può essere considerato come l'introduzione alla filosofia di Platone, ma nel quale prevale ancora la concezione socratica secondo la quale il metodo dialettico è attuato, certo, in vista del vero, cioè della definizione dell'universale, ma ciò che è determinante è il conseguimento di un accordo (ὁμολογία) con l'interlocutore.

L'avvenuto superamento della concezione socratica e la maturazione della concezione tipicamente platonica sono testimoniati nella *Repubblica*, dove la dialettica, che è il sapere che i governanti dello Stato ideale debbono possedere, viene identificata con il grado sommo del conoscere. Verso la fine del sesto libro, Platone illustra infatti i gradi del conoscere paragonando quest'ultimo a una linea, divisa in quattro segmenti, corrispondenti rispettivamente ai quattro

gradi della conoscenza: i primi due che formano l'opinine (δόξα), cioè l'immaginazione e la credenza (εἰκασία, πίστις), e gli altri due che formano la scienza (ἐπιστήμη), cioè il ragionamento e l'intelligenza (διάνοια, νόησις). Ebbene, la dialettica viene identificata con il sapere veramente scientifico dell'ultimo segmento della linea, il quale non si ferma alle ipotesi, ma per mezzo di esse risale fino a un principio non ipotetico (ἀνυπόθετον), rappresentato dall'idea del Bene. Poiché però il tema del dialogo non è la dialettica in quanto tale, ma la natura e l'organizzazione dello Stato ideale, Platone non specifica ulteriormente in che cosa consista il procedimento per risalire dalle ipotesi al principio anipotetico, e quello per ridiscendere da quest'ultimo alle altre idee; accenna però, in un significativo passaggio (*Repubblica*, VII, 534 b sgg.), al fatto che la dialettica risale al principio attraverso confutazioni di ogni genere (διὰ πάντων ἐλέγχων διεξιών) e tali confutazioni non sono attuate secondo l'opinione, ma secondo la cosa stessa (μὴ κατὰ δόξαν ἀλλὰ κατ'οὐσίαν).
La struttura del procedimento dialettico viene precisata nei dialoghi successivi alla *Repubblica*. Nel *Fedone* Platone asserisce che le ipotesi, cioè le idee che vengono formulate per rendere ragione di proposizioni particolari, debbono essere verificate nella loro consistenza, e ciò avviene dapprima esaminando le conseguenze che da esse derivano per vedere se non sono in contraddizione fra loro, quindi riconducendo ogni ipotesi a un'ipotesi superiore, più universale, fino a pervenire a qualcosa che sia sufficiente in se stesso (ἱκανόν), cioè non più riconducibile a ipotesi ulteriori (*Fedone*, 101 d-e). Nel *Parmenide* Platone sviluppa ulteriormente il metodo dialet-

tico, non limitandolo più alla verifica di una determinata ipotesi, per vedere se da essa derivino conseguenze in contraddizione tra loro o con altre tesi accettate, ma estendendolo anche all'ipotesi opposta. Si hanno così due ipotesi contraddittorie, cioè tali per cui l'una nega ciò che l'altra asserisce, e qualora l'una risulti confutata, l'altra si potrà dire con ciò stesso dimostrata. Dal che si vede che il metodo dialettico qui teorizzato da Platone è identificabile nella sua struttura formale, più che con quello di Socrate, con quello di Zenone, in quanto, al pari di quest'ultimo, prende in esame due ipotesi contraddittorie, anche se è applicato, in continuità con quello socratico, alla ricerca dell'universale. Questa concezione della dialettica è presente anche negli ultimi dialoghi, cioè nel *Fedro*, *Sofista* e *Filebo*, nei quali la dialettica viene definita come il metodo della classificazione sistematica delle idee mediante il criterio della riconduzione (συναγωγή) del particolare all'universale e quello della divisione (διαίρεσις) dell'universale nel particolare. Il che implica, come si può facilmente capire, una contrapposizione tra la dialettica, da un lato, e l'eristica, la sofistica e la retorica, dall'altro, che rappresentano le diverse forme in cui l'uso della dialettica conduce alla negazione o alla simulazione della verità e del sapere. Una contrapposizione, questa, che viene sostenuta nella piena consapevolezza della profonda somiglianza tra la filosofia, cioè la dialettica vera, e la sofistica, in quanto entrambe fanno uso dell'arte del contraddire e della tecnica della confutazione. La valorizzazione della confutazione come anima della dialettica e il suo sviluppo in senso costruttivo vengono infine testimoniati dalla *Lettera settima*, dove è illustrato il processo attraverso il quale si arriva a cogliere i princìpi, dicendo che solo « se si confuta in confutazioni benevole (ἐν εὐμενέσιν ἐλέγχοις ἐλεγχόμενα), facendo uso senza ostilità di domande e di risposte, brillano la comprensione e l'intelligenza intorno a ciascuna cosa (ἐξέλαμψε φρόνησις περὶ ἕκαστον καὶ νοῦς) » (344 b).

La dialettica di Aristotele è stata oggetto di tanti e tali studi, che non è qui neppure il caso di tentare di illustrarla. Basterà ricordarne i tratti che la caratterizzano nella sua ispirazione di fondo, soprattutto al fine di valutare poi meglio la ripresa dell'eristica da parte di Schopenhauer. Come è noto, allo studio della dialettica Aristotele dedica due scritti dell'*Organon*, cioè i *Topici*, in otto libri, e le *Confutazioni sofistiche*, che in alcuni manoscritti compaiono come nono libro dei *Topici*. Discostandosi da Platone, Aristotele riporta l'attività dialettica entro l'ambito delle opinioni, ritornando in questo senso alla concezione di Protagora, con la precisazione però che se è vero che per Aristotele l'opinione non è scienza, essa non è nemmeno un parere meramente soggettivo e arbitrario, come nelle degenerazioni sofistiche ed eristiche, bensì un punto di vista suscettibile di consenso. La dialettica è allora un metodo che serve per ben discutere su ogni possibile argomento partendo da opinioni notevoli (ἔνδοξα) – cioè da opinioni condivise da tutti, o dalla maggioranza, o dai sapienti e, tra costoro, da tutti o da coloro che sono più noti e stimati – al fine di demolire una tesi oppure di difenderla (*Topici*, I, 1, 100 a 1-20). Ciò vuol dire che non solo i filosofi o i sapienti, né soltanto coloro che desiderano diventare tali, ma tutti gli uomini esercitano in qualche modo la dialettica, giacché a tutti capita di trovarsi nella situazione

di dover difendere o attaccare, cioè mettere alla prova una tesi. Certo, mentre l'uomo comune pratica la dialettica senza un metodo, il dialettico vero e proprio lo fa secondo una tecnica e una abilità argomentativa specificamente esercitata e sviluppata (*Confutazioni sofistiche*, 11, 172 a 23-36). Aristotele, dal canto suo, si vanta di avere fornito il primo trattato che sia mai stato scritto intorno ai metodi del buon argomentare (*Confutazioni sofistiche*, 34, 183 b 16-184 b 7), mentre in altri casi, ad esempio per la retorica, esisteva già una trattatistica precedente.
Come è chiarito subito all'inizio della trattazione, la caratteristica specifica del sillogismo o ragionamento dialettico consiste dunque nell'inferire a partire da premesse « endossali », cioè da opinioni notevoli nel senso indicato, mentre il ragionamento scientifico, apodittico, inferisce a partire da premesse vere e prime, cioè evidenti di per sé e non in virtù di altro, e quello eristico da premesse che vengono ingannevolmente presentate come opinioni notevoli, ma che in realtà non lo sono (*Topici*, I, 1, 100 a 27-101 a 1). Aristotele menziona inoltre un'altra forma di ragionamento fallace, cioè il « paralogismo », la cui scorrettezza non nasce però dall'inganno, bensì da un errore, e che per questo va tenuto distinto dal sillogismo eristico. E altrove tratta di un ulteriore tipo di ragionamento, cioè il sillogismo retorico o « entimema », che si distingue dagli altri per la forma abbreviata, cioè generalmente per l'omissione di una premessa (che viene sottintesa).
Questa distinzione tra le diverse forme di ragionamento viene ripresa verso la fine del trattato, dove Aristotele propone di chiamare « filosofema » il sillogismo apodittico, « epicheirèma » (cioè

argomentazione diretta contro un interlocutore) il sillogismo dialettico, « sofisma » il sillogismo eristico e « aporema » il sillogismo dialettico che conclude con una contraddizione, quindi con una confutazione (*Topici*, VIII, 11, 162 a 12-18). Ed essa viene ulteriormente ripresa nelle *Confutazioni sofistiche*, dove si dice che « vi sono quattro generi di discorsi che si usano nelle discussioni: quelli didascalici, quelli dialettici, quelli peirastici e quelli eristici. Sono didascalici quelli che argomentano a partire dai princìpi propri di ciascuna disciplina e non dalle opinioni di colui che risponde (bisogna infatti che colui che apprende si fidi); sono dialettici quelli che argomentano la contraddizione a partire dagli *éndoxa*; sono peirastici, cioè esaminativi, quelli che argomentano a partire dalle opinioni di colui che risponde e che è necessario conoscere per chi pretende di avere la scienza (in quale modo, è definito altrove); sono eristici quelli che argomentano a partire da *éndoxa* apparenti, ma non reali, essendo autentici sillogismi oppure sillogismi apparenti » (*Confutazioni sofistiche*, 2, 165 a 38-b 8).

Distinguendo le rispettive forme di ragionamento, Aristotele tiene dunque ben distinta la dialettica sia dalla scienza, sia dall'eristica, sia dalla retorica. Ma la specificità della dialettica viene ulteriormente determinata nel secondo capitolo del primo libro dell'opera mediante l'indicazione dei suoi usi possibili, che sono tre:

1) la dialettica è utile in rapporto all'esercizio (πρὸς γυμνασίαν), cioè serve ad allenarsi nella pratica dell'argomentazione;

2) è utile in rapporto agli incontri (πρὸς τὰς ἐντεύξεις), cioè serve a ben condurre le discussioni che a ciascuno capita di fare;

3) è utile infine in rapporto alle scienze filo-

sofiche (πρὸς τὰς κατὰ φιλοσοφίαν ἐπιστήμας), e precisamente in due sensi:

3.1) anzitutto perché imparando a sviluppare le aporie in entrambe le direzioni (πρὸς ἀμφότερα διαπορῆσαι), possiamo scorgere meglio in ciascuna alternativa il vero e il falso;

3.2) inoltre perché « essendo inquisitiva (ἐξεταστική), la dialettica possiede la via verso i princìpi di tutte le trattazioni scientifiche » (101 a 36-b 4), cioè aiuta a trovare quelle proposizioni prime da cui, nelle singole scienze, parte la dimostrazione apodittica, le quali, in quanto princìpi di dimostrazione, non possono essere a loro volta dimostrate, bensì soltanto dialetticamente ricercate.

Senza dovere illustrare qui ulteriormente il significato di questi possibili usi della dialettica, è chiaro che Aristotele colloca la dialettica entro l'ambito dell'opinione, degli *éndoxa*, e quindi riabilita, contro Platone, il valore dell'opinione; a differenza di Protagora, tuttavia, egli non ritiene che l'opinione debba stare in conflitto con il sapere scientifico, ma, al contrario, mostra che essa può risultare utile all'acquisizione del sapere, in quanto fornisce il terreno dal quale partono le dimostrazioni scientifiche.

Detto questo, è chiaro che anche per Aristotele, per quanto egli riabiliti l'opinione, l'eristica non può rappresentare che una degenerazione della dialettica, poiché essa muove solo in apparenza, e cioè ingannevolmente, da opinioni notevoli. Nello studio dei sillogismi eristici (ἐριστικοί, ἀγωνιστικοί) contenuto nelle *Confutazioni sofistiche* – Platone ne aveva trattato nell'*Eutidemo* – egli intende smascherare gli inganni eristici e fornire un aiuto per difendersene nelle discussioni. A tal fine, egli illustra le cinque trappole che i sofisti tendono, ossia la contraddizione e quindi la confutazione (ἔλεγχος), la falsità (ψεῦδος), il paradosso (παράδοξον), l'errore linguistico (σολοικισμός) e il vuoto chiacchierare (ἀδολεσχῆσαι), e mostra quindi come evitarle, individuando in particolare tredici tipi di sillogismi eristici falsi (sei derivanti da *fallacia dictionis*, sette da *fallacia extra dictionis*, cioè da vizi logici). Anche in questo contesto, in particolare nei capitoli 1-2 e 9 del trattato, Aristotele sottolinea le differenze tra dialettica ed eristica.

Schopenhauer, lasciando completamente cadere l'utilità scientifica della dialettica da Aristotele sostenuta e quindi trascurandone le differenze dall'eristica, identifica semplicemente la dialettica con quest'ultima e, ritenendone solo l'aspetto tecnico-formale, la riduce a un insieme di stratagemmi, cioè a mero strumento argomentativo al servizio sia del vero, sia del falso, ad arma per prevalere sull'interlocutore indipendentemente dalla ragione e dal torto. In tal senso Schopenhauer, forte di questa sua convinzione che la dialettica, strumento al servizio della natura perversa e prepotente dell'uomo, altro non può essere se non eristica, sfrutta il materiale che la trattazione aristotelica gli mette abbondantemente a disposizione, ma si lamenta del modo non sufficientemente eristico in cui Aristotele ha determinato la dialettica. La dialettica ha infatti per lui come compito principale quello di « badare solo a come difendere le proprie affermazioni e rovesciare quelle dell'altro » (cfr. sopra, p. 24), quindi di « presentare e analizzare gli stratagemmi della slealtà nel disputare » (cfr. sopra, p. 26). Egli asserisce dunque: « Il mio punto di vista... è che la *dialettica* va separata dalla *logica* più nettamente di quanto abbia fatto Aristotele, lasciando la verità oggettiva, nella misura in cui essa è *formale*, alla *logica* e limitando la *dialettica* all'*ottenere ragione*: e, in secondo luogo, che *sofistica* ed *eristica* non vanno separate dalla dialettica così come fa Aristotele... poiché si è soliti prendere il termine *dialettica* come equivalente a *logica*, vogliamo chiamare la nostra disciplina *dialectica eristica* » (cfr. sopra, pp. 77-78). È significativo a tale riguardo che Schopenhauer, nonostante Aristotele, dichiari di non avere trovato nessuna trattazione del genere prima di lui. Egli dice di avere cercato « in lungo e in largo », probabilmente servendosi soprattutto delle *Vite dei filosofi* di Diogene Laerzio e delle *Dialecticae institutiones* di Pietro Ramo, ma l'unico scritto che egli menziona è un'opera perduta di Teofrasto di cui Diogene Laerzio ci ha conservato il titolo (in una forma peraltro problematica): Ἀγωνιστικὸν τῆς περὶ τοὺς ἐριστικοὺς λόγους θεωρίας [Discussione sulla teoria dei discorsi eristici].[5]

Sarebbe a questo punto interessante fare qualche accenno anche alle altre concezioni della dialettica importanti dell'antichità, ad esempio a

5. Già M. Schmidt, *De Theophrasto rhetore commentarius*, diss., Hallae, 1839, e quindi H. Usener, *Analecta Theophrasteae*, diss., Bonnae, 1858, notavano la formulazione grammaticalmente problematica del titolo, specialmente il neutro singolare Ἀγωνιστικόν [βίβλιον?]. Gli studi più recenti propendono per il doppio titolo al genitivo (che sottintende: libro di): Ἀγωνιστικῶν ἢ τῆς περὶ τοὺς ἐριστικοὺς λόγους θεωρίας, dunque *Libro di discorsi agonistici o di teoria dei discorsi eristici* (cfr. Michael G. Sollenberger, *Diogenes Laertius 5.36-57: The « Vita Theophrasti »*, in *Theophrastus of Eresus. On His Life and Work*, a cura di William W. Fortenbaugh, Transaction Books, New Brunswick-Oxford, 1985, pp. 1-62, in particolare pp. 46-47).

quella della Scuola megarica, in alcuni autori della quale viene particolarmente sviluppata l'eristica e la dottrina dei sofismi, o a quella degli Stoici, che identificano la dialettica con l'intera logica, o infine a Cicerone con il suo compendio dei *Topici* di Aristotele e la sua concezione retorizzante della dialettica. Ma possiamo qui lasciare da parte tutto ciò, perché Schopenhauer non sembra tenere in considerazione queste concezioni della dialettica; anzi, critica apertamente la sola di esse sulla quale spende qualche parola, cioè quella ciceroniana. E, d'altra parte, appare ora chiarito, almeno per l'antichità, quell'aspetto oscuro della nostra storia che intendevamo lumeggiare, e cioè il rapporto della dialettica con il sapere scientifico, da un lato, e con l'inganno eristico, dall'altro.

Ma dobbiamo qui riprendere l'interrogativo lungo il quale si è dipanata la nostra storia. Se questa è la dialettica per gli antichi, che ne è della dialettica, della scienza e dell'eristica per i moderni? Come si è potuti arrivare alle dialettiche di Schopenhauer e di Hegel?

4. *La dialettica dei moderni*

Non è qui neppure il caso di tentare di illustrare la storia della dialettica nella transizione dal mondo antico a quello medioevale – il mito narrato da Marziano Capella può bastare come testimonianza paradigmatica – né di soffermarsi sulle contese medioevali intorno alla dialettica e al suo rapporto con la teologia, o sullo sviluppo del genere letterario dei *sofismata* e delle *disputationes*. Specialmente quest'ultimo aspetto sarebbe in realtà interessante per un confronto con la dialettica eristica di Schopenhauer, ma poiché questi, a parte un cenno a Scoto Eriugena e un altro a Francesco Bacone, non sembra prendere in considerazione tale genere di letteratura, ci sia qui consentito passare oltre.[6]

Lo stesso vale per lo sviluppo della dialettica nell'Umanesimo e nel Rinascimento, dove pure sarebbero da registrare interessanti spostamenti nell'idea di dialettica: la netta ed esacerbata opposizione alla concezione aristotelico-scolastica della dialettica, che comunque sopravvisse ancora a lungo, fino al XVII secolo, dove la si trova nei commentari *In universam dialecticam Aristotelis* della Scuola di Coimbra; poi la riabilitazione della dialettica ciceroniana intesa come *ars disserendi in utramque partem* in riferimento alla prassi giuridica; quindi la nascita del « retorismo », fenomeno cresciuto sia in seguito alla conoscenza di Cicerone, sia a causa dell'insegnamento parallelo di logica e retorica, che in tal modo finirono per influenzarsi. Tutti fenomeni, questi, che sono legati a nomi di illustri umanisti quali Lorenzo Valla (*Dialectica*, Venezia, 1499), Rodolfo Agricola (in realtà: Roelof Huysman, *De inventione dialectica*, Lovanio, 1515), Giovanni

6. Mi limito qui a rimandare, a titolo di esempio, all'ancora utile studio di Martin Grabmann, *Die Sophismataliteratur des 12. und 13. Jahrhunderts*, Beiträge zur Geschichte der Philosophie und Theologie des Mittelalters, vol. 36, tomo 1, Aschendorff, Münster, 1940, e ai testi raccolti in *Die mittelalterlichen Traktate « De modo opponendi et respondendi »*, a cura di R. De Rijk, Beiträge zur Geschichte der Philosophie und Theologie des Mittelalters. Neue Folge, vol. 17, Aschendorff, Münster, 1980, che comprende, tra l'altro, l'edizione del *Thesaurus philosophorum* di Aganafat e il *De modo opponendi et respondendi* dello pseudo Alberto Magno.

Ludovico Vives (*Adversus pseudodialecticos*, Sélestat, 1520), Pietro Ramo (*Dialecticae partitiones* [poi: *institutiones*], Parigi, 1543; *Aristotelicae animadversiones*, Parigi, 1543), Filippo Melantone (*Erotemata dialectices*, Wittenberg, 1547).

L'aspetto interessante per la nostra storia è la maggiore importanza che viene assegnata alla *inventio*, cioè al ritrovamento dei *loci* come punto di partenza dell'argomentazione (*sedes argumentorum*), nei confronti dell'altro momento della dialettica, il *iudicium*, cioè nei confronti della forma corretta della conclusione sillogistica. Proprio nella diversa valutazione del rapporto tra *inventio* e *iudicium*, cioè tra topica e analitica, sta la differenza principale tra la concezione aristotelico-scolastica e quella umanistico-ciceroniana. Per quest'ultima, infatti, la topica, cioè la dialettica, non è una forma particolare di ragionamento, magari inferiore, in quanto solo probabile, a quello analitico, ma è il presupposto necessario dell'analitica, giacché fornisce i *loci communes* da cui ogni ragionare e argomentare, compreso quello analitico, deve partire. Si cristallizza in questo modo la distinzione tra analitica e dialettica che, attraverso una tradizione latente, arriva fino a Kant.

Ma andrebbe poi analizzata la crisi della dialettica nell'età moderna in seguito al nascere del nuovo paradigma del sapere rappresentato dalla scienza moderna e basato sul metodo matematico: la dialettica viene allora riportata a una « dialettica naturale », la quale fornisce l'unico *ordo*, l'unico metodo possibile dell'indagine scientifica, e precisamente quello che va dal noto all'ignoto – è quanto avviene già con Pietro Ramo (*Quod sit unica doctrinae instituendae methodus*, Parigi, 1557) – oppure essa viene sempre più respinta come un sapere illusorio e apparente.

Il pensatore che in età moderna riprende in maniera filosoficamente rigorosa il problema della dialettica e che ne dà una impostazione rimasta decisiva, anche per Schopenhauer e per Hegel, è Kant. Come è noto, la *Critica della ragione pura* implica nella sua architettonica una articolazione in « estetica » e « logica », e la logica è a sua volta divisa in « analitica » e « dialettica ». È per noi importante soprattutto quest'ultima distinzione, in quanto da essa risulta la specifica concezione kantiana della dialettica. Kant definisce l'analitica come quella parte della logica che risolve l'attività formale dell'intelletto e della ragione nei suoi elementi costitutivi, ossia concetti, giudizi e sillogismi, e che li espone come criteri formali per valutare la consistenza di ogni conoscere.[7]

Ora, la pura forma del pensiero non è di per sé sufficiente a produrre un conoscere vero e proprio, non procura cioè nessuna verità materiale oggettiva, ma consente solo di connettere gli oggetti in un tutto coerente secondo le leggi della logica. « Eppure – osserva a questo punto Kant – nel possesso di un'arte tanto speciosa, che dà la forma dell'intelletto a tutte le nostre conoscenze ... si trova un qualcosa di così allettante, che quella logica generale, la quale è semplicemente un *canone* per la valutazione, è stata adoperata, per così dire, come un *organon* in vista di una reale, o almeno illusoria, produzione di asserzioni oggettive, e in realtà è stata male impie-

7. Immanuel Kant, *Critica della ragione pura*, a cura di Giorgio Colli, Adelphi, Milano, 1976, p. 116.

gata. Ora, la logica generale, in quanto presunto *organon*, si chiama *Dialettica* ».[8]

A questo riguardo si possono fare due osservazioni. Anzitutto va fatto notare che con l'articolazione della logica in analitica e dialettica Kant – da un punto di vista generale, cioè senza guardare per ora a ciò che egli intende rispettivamente per analitica e dialettica – sembra seguire la tradizione aristotelica. Questa infatti, come abbiamo accennato, considerava la dialettica come una parte della logica accanto all'analitica, contro il « retorismo » o « ciceronismo », che vedeva invece nella dialettica il presupposto che sta a fondamento di ogni argomentare, e contro il « ramismo » che identificava dialettica e logica.[9] Una conferma del fatto che su questo punto

8. *Ibid.*, pp. 116-117.

9. Giorgio Tonelli, nello studio *Der historische Ursprung der kantischen Termini « Analytik » und « Dialektik »*, in « Archiv für Begriffsgeschichte », VII, 1962, pp. 120-39, ha documentato la presenza della distinzione tra analitica e dialettica nella tradizione tedesca prima di Kant, sostenendo che in Germania, dopo l'estinzione del ramismo agli inizi del XVII secolo, dialettica significava, in conformità con la tradizione scolastica, l'intera logica aristotelica. Solo per l'influenza di aristotelici stranieri come Jacopo Zabarella e Philippe Canaye si affermò successivamente la distinzione di analitica e dialettica, che si ritrova in manuali dell'epoca. Tra questi, Tonelli individua quale fonte di Kant il trattato dell'eclettico Joachim Georg Darjes, *Introductio in Artem Inveniendi, seu Logicam theoretico-practicam, qua Analytica atque Dialectica in usum et iussu auditorum suorum methodo iis commoda proponuntur*, Jenae, 1732, in cui l'analitica è definita come *scientia inveniendi veritates cum certitudine* e la dialettica *scientia inveniendi veritates probabiliter*. Altrove, Darjes traccia anche una breve storia della logica a partire da Zenone (sul quale, come

Kant si rifà ad Aristotele si trova anche nelle sue lezioni di *Logica* pubblicate da Gottlob Benjamin Jäsche (Königsberg, 1800), dove Kant dice che « la logica attuale deriva dall'*analitica* di Aristotele. Questo filosofo può venir considerato il padre della logica. Egli la espose come *Organon* e la divise in *analitica* e *dialettica* ».[10] Del resto, che Kant intenda tenere Aristotele come termine di riferimento per la propria trattazione, risulta chiaramente dal fatto che, nel presentare il proprio lavoro, nella *Prefazione* alla seconda edizione della *Critica della ragione pura*, egli scrive della logica che « da *Aristotele* in poi essa non ha dovuto fare alcun passo indietro » e che « sino ad oggi essa non ha neppure potuto fare alcun passo in avanti ».[11]

Ora, una volta appurato questo riferimento alla tradizione aristotelica, vien fatto di notare che Kant, contro tale tradizione alla quale egli pure si richiama, assegna alla dialettica un significato negativo, come si vede chiaramente dalla definizione che ne dà nel passo citato. Infatti, in base alla sua concezione filosofica, secondo la quale il pensiero assicura al nostro conoscere solo l'organizzazione formale corretta, mentre il suo contenuto materiale può essere fornito solo dalla sensibilità, Kant chiama dialettica la pretesa illusoria di produrre il conoscere mediante la sola attività della ragione: « La logica generale, *considerata in quanto organon*, è sempre una logica dell'illusione (*Logik des Scheins*), ossia è sempre

fonte, si serve di Gassendi). Anche questo riferimento viene ripreso da Kant.

10. Immanuel Kant, *Logica*, a cura di Leonardo Amoroso, Laterza, Roma-Bari, 1984, p. 14.

11. Kant, *Critica della ragione pura*, cit., p. 17.

dialettica. In effetti, dato che essa non c'insegna assolutamente nulla sul contenuto della conoscenza, ma ci apprende unicamente le condizioni formali dell'accordo con l'intelletto, le quali del resto sono del tutto indifferenti riguardo agli oggetti, in tal caso la pretesa di servirsi di essa come di uno strumento (*organon*) per ampliare ed estendere, almeno per finzione, le proprie conoscenze, dovrà portare a null'altro che ad un'intemperanza verbale, consistente nell'asserire con una certa verosimiglianza tutto ciò che si vuole, o anche nel contestarlo a piacere ».[12]
Pur senza fare nomi, nemmeno quello di Aristotele, Kant sembra attribuire questa concezione negativa della dialettica al pensiero greco nel suo insieme: « Per quanto vario possa essere il significato, in cui gli antichi si sono serviti di questa denominazione di una scienza o arte, si può tuttavia dedurre sicuramente dall'uso reale di tale termine che la dialettica non era per loro null'altro se non la *logica dell'illusione*. Si tratta di un'arte sofistica, che cerca di fornire il colorito della verità alla propria ignoranza, anzi persino alle proprie intenzionali costruzioni illusorie, coll'imitare il metodo della indagine approfondita, prescritto dalla logica in generale, e coll'u-

12. *Ibid.*, p. 117. Il termine *Schein* è reso nella traduzione di Giovanni Gentile e Giuseppe Lombardo-Radice con « apparenza », che non si può dire errato, ma certamente ambiguo. Più preciso è « parvenza », che anche in italiano ha una accezione peggiorativa rispetto ad « apparenza », così come *Schein* rispetto a *Erscheinung*. È la soluzione adottata da Amoroso nella traduzione della *Logica* (cfr. la nota 10). Colli, per non lasciare adito ad ambiguità, traduce, accentuando il senso del termine tedesco, con « illusione ».

tilizzare la sua topica per abbellire ogni vuoto procedimento ».[13] La stessa definizione negativa della dialettica come logica della parvenza o dell'illusione, come *ars sophistica, disputatoria*, viene ribadita nella *Logica*, dove Kant dice che « presso i Greci, i dialettici erano gli avvocati e gli oratori, i quali sapevano condurre il popolo dove volevano, perché il popolo si lascia ingannare dalla parvenza. Essa è stata anche esposta per un certo tempo, nella logica, sotto il titolo di *arte della disputa*: un tempo in cui tutta la logica e la filosofia venivano coltivate da certi parolai per produrre artificiosamente quella parvenza ».[14] Kant opera dunque una completa riduzione della dialettica all'eristica. Ma questo significa che, nonostante il suo rifarsi per la distinzione di analitica e dialettica alla tradizione aristotelica, egli intende la dialettica in una accezione spregiativa che va esplicitamente contro la concezione di Aristotele. Va fatto peraltro notare che Kant respinge esplicitamente anche l'idea di dialettica affermatasi nella tradizione aristotelizzante dell'età moderna nella quale egli ritrova la distinzione tra analitica e dialettica, e cioè l'idea che la dialettica sia una *logica probabilium*, vale a dire il tipo di razionalità adeguato allo studio delle cose che non sono necessarie, ma solo contingenti, e che consentono dunque solo una conoscenza probabile. Infatti, nel definire la dialettica come « logica della parvenza » o « logica dell'illusione », ossia logica di ciò che sembra vero ma non lo è (*scheinbar, verisimile*), Kant respinge l'idea che la dialettica possa essere una logica del probabile, vale a dire di ciò che sem-

13. *Ibid.*, pp. 116-117.
14. Kant, *Logica*, cit., p. 11.

bra vero nel senso che lo è solo probabilmente (*wahrscheinlich*, *probabile*); il calcolo del probabile, in quanto non è conoscenza illusoria, ma vera, rientra per lui nell'analitica: « La dialettica in generale, l'abbiamo chiamata sopra *logica dell'illusione*. Ciò non significa che essa sia una dottrina della *verosimiglianza*; quest'ultima è infatti verità, conosciuta però mediante ragioni insufficienti, la conoscenza delle quali, perciò, è bensì imperfetta, ma non per questo è ingannevole, né deve quindi venir separata dalla parte analitica della logica ».[15]

Al di là della curiosità storiografica di individuare la fonte immediata a cui Kant attinge l'accezione spregiativa di dialettica, egli è evidentemente, su questo punto, figlio del suo tempo. Voglio dire: egli condivide quella polemica contro la dialettica – da Descartes in poi frequente nei pensatori dell'età moderna – che si oppone ad essa come a un'arte che pretende di insegnare a discutere di tutto e che, anziché introdurci nella cosa in discussione, ci fa perdere in luoghi comuni. E tale polemica altro non è se non la polemica contro il sapere scolastico degli « aristotelici » in nome della nuova scienza e del suo metodo, dove spesso è fatto, a torto, il nome di Aristotele anziché quello degli « aristotelici ». È quanto capita allo stesso Kant là dove egli sembra attribuire ad Aristotele – in realtà in palese contrasto con i testi – la propria concezione spregiativa di dialettica come sofistica ed eristica: « Ogni concetto, ogni titolo sotto cui rientrino molte conoscenze, può essere chiamato *luogo logico*. Su ciò si fonda la *topica logica* di *Aristotele*: di essa hanno potuto servirsi insegnanti e orato-

15. Kant, *Critica della ragione pura*, cit., p. 359.

ri, per indagare – sotto certi titoli del pensiero – che cosa si adattasse nel modo migliore alla materia in questione, e per sottilizzare – o chiacchierare verbosamente – al riguardo con una certa apparenza di profondità ».[16]

È comunque interessante tenere presente la spiegazione storica dell'identificazione di dialettica ed eristica che Kant stesso fornisce nelle lezioni di *Logica*. Qui, nel tracciare un rapido compendio di storia della filosofia, egli allude a un originario significato positivo della dialettica in Zenone – pensatore che anche nella *Critica della ragione pura* è apprezzato come « sottile dialettico » e difeso dall'accusa mossagli da Platone di essere un « petulante sofista »[17] – e parla quindi di una degenerazione con la quale la dialettica sarebbe decaduta fino ad assumere il significato negativo da lui descritto: « La proposizione fondamentale della filosofia eleatica e del suo fondatore era: *nei sensi vi è solo illusione e parvenza, solo ed esclusivamente nell'intelletto si trova la fonte della verità.* Fra i filosofi di questa scuola, Zenone si distinse come uomo di grande intelletto e acutezza e come dialettico sottile. La dialettica indicava in origine l'arte dell'uso puro della ragione in riferimento a concetti astratti, separati da ogni elemento sensibile. Di qui i tanti elogi di quell'arte fra gli antichi. In seguito, quando quei filosofi che rifiutavano del tutto la testimonianza dei sensi caddero inevitabilmente, con quest'affermazione, in molte sottigliezze, la dialettica degenerò nell'arte di affermare e contestare ogni proposizione. E così essa diventò un mero esercizio per i sofisti, i quali volevano ra-

16. *Ibid.*, p. 340.
17. *Ibid.*, p. 550.

ziocinare su tutto e s'ingegnavano a dipingere la parvenza con i colori del vero e a rendere nero il bianco ».[18]

Siamo a questo punto in grado di rispondere all'interrogativo che ci eravamo posti: come si è potuti arrivare alle dialettiche di Schopenhauer e di Hegel?

5. *In luogo di una conclusione: Schopenhauer versus Hegel*

È chiaro a questo punto che la riduzione kantiana della dialettica a « logica della parvenza » o « logica dell'illusione », cioè la sua interpretazione in un senso sofistico ed eristico, rappresenta la fonte immediata di Schopenhauer, anche se apparentemente questi la critica. Egli osserva infatti, riferendosi chiaramente a Kant, ma senza nominarlo, che la dialettica « è stata definita la logica della parvenza » e aggiunge: « è falso perché, se così fosse, servirebbe unicamente a difendere tesi false » (cfr. sopra, p. 24, anche p. 69). Si tratta evidentemente di una critica che contesta solo il significato esteriore del termine « parvenza » (*Schein*), non ciò che in realtà Kant intende, e che comunque non mette in discussione l'accezione negativa della dialettica sostenuta da Kant. Con quest'ultima, dunque, noi disponiamo delle coordinate per capire le ragioni dell'equazione di dialettica ed eristica che Schopenhauer, presupponendo Kant e tacendo Hegel, dà oramai per scontata: « La dialettica non deve avventurarsi nella verità: alla stessa stregua del maestro di scherma, che non considera chi

18. Kant, *Logica*, cit., pp. 21-22.

abbia effettivamente ragione nella contesa che ha dato origine al duello: colpire e parare, questo è quello che conta. Lo stesso vale anche nella dialettica, che è una scherma spirituale; solo se intesa in modo così puro, può essere costituita come una disciplina propria: infatti, se ci poniamo come fine la pura verità oggettiva, ritorniamo alla mera *logica*: se invece poniamo come fine l'affermazione di tesi false, abbiamo la mera *sofistica*. E in entrambi i casi il presupposto sarebbe che noi sapessimo già che cosa è oggettivamente vero e falso: ma solo di rado questo è certo in anticipo» (cfr. sopra, pp. 24-25).

Quanto a Hegel, che Schopenhauer, anche su questo punto, aggira, si è detto che anch'egli muove da Kant. Ma «Hegel e la dialettica» è un tema talmente vasto e talmente studiato, che non è neppure il caso di iniziare il discorso. Dobbiamo solo, per giustificare l'affermazione fatta, aggiungere una breve appendice al capitolo della nostra storia relativo a Kant, che ci consente di capire meglio la transizione a Hegel. Dopo avere introdotto la dialettica nel significato negativo che sappiamo, Kant dice che, siccome l'insegnamento di tale arte illusoria «non è in alcun modo conforme alla dignità della filosofia», egli la può accogliere nel suo sistema solo per demolire le illusioni che essa produce (pretendendo di conoscere le idee dell'anima immortale, del mondo e di Dio), e chiama dunque dialettica in senso positivo tale demolizione, cioè la «*critica dell'illusione dialettica*».[19]

Come è noto, Kant svolge questo compito mostrando l'inevitabile prodursi dell'illusione dialettica che spinge la ragione a voler conoscere

19. Kant, *Critica della ragione pura*, cit., p. 117.

oggettivamente quelle che sono soltanto idee, cioè concetti vuoti a cui non corrisponde alcuna intuizione che possa riempirli: si tratta dell'anima immortale, del mondo e di Dio, idee che la psicologia, la cosmologia e la teologia dei sistemi razionalistici dell'età moderna pretendevano di conoscere come oggetti. La parte della dialettica trascendentale per noi particolarmente importante è quella relativa alla cosmologia razionale, poiché in essa Kant mostra come la ragione sviluppi necessariamente una « antitetica », cioè un sistema di antinomie, di proposizioni opposte, entrambe dimostrabili (o confutabili), senza che in apparenza si profili una via di uscita dai dilemmi che esse pongono: la prima antinomia consiste nella dimostrazione della tesi che il mondo è finito e al tempo stesso nella dimostrazione della antitesi che è infinito; la seconda nella dimostrazione che ogni sostanza composta consta di parti semplici e al tempo stesso nella dimostrazione che nessuna sostanza composta consta di parti semplici; la terza nella dimostrazione che accanto alla causalità delle leggi naturali bisogna ammettere una causalità mediante libertà e nella contemporanea dimostrazione che tutto avviene secondo la necessità delle leggi di natura; la quarta nella dimostrazione che il mondo implica come sua causa, o parte, un ente necessario e nella dimostrazione che non esiste invece alcun essere necessario.

Ebbene, nel suo significato positivo di critica dell'illusione trascendentale, la dialettica deve risolvere queste antinomie della ragione e lo fa esercitando quel metodo che Kant chiama « metodo zetetico » o « metodo scettico » – nel senso dello scetticismo critico e non dommatico – cioè mettendo in atto la ricerca e il dubbio, ovvero la critica, al fine di smascherare verità apparenti e illusorie quali sono appunto la tesi e l'antitesi delle antinomie. E questo era anche il metodo di Zenone, così come Kant lo interpreta. Questo spiega perché egli, come abbiamo visto, lo apprezzi e lo difenda dall'accusa di essere un « petulante sofista », fattagli da Platone (*Fedro*, 261 d). L'accusa gli sarebbe stata mossa « per il fatto che egli, per mostrare la sua arte, cercava di provare una proposizione mediante argomenti plausibili, e si sforzava subito dopo di abbattere la medesima proposizione con altri argomenti, altrettanto forti. Egli asseriva che Dio (che presumibilmente non era per lui altro se non il mondo) non è né finito né infinito, non è né in movimento né in quiete, non è né simile né dissimile a nessun'altra cosa. Coloro che lo giudicarono al riguardo credettero che egli avesse voluto negare completamente due proposizioni tra loro contraddittorie, il che è assurdo ».[20] E Kant aggiunge subito: « Io non trovo tuttavia che sia giusto addossargli questo errore ».[21] Egli non in-

20. *Ibid.*, p. 550. Sia notato per inciso che qui Kant – basandosi sullo scritto pseudo-aristotelico *De Melisso, Xenophane, Gorgia*, noto allora con il titolo erroneo *De Xenophane, Zenone et Gorgia* – attribuisce a Zenone una dottrina di Senofane.
21. *Loc. cit.* Con ciò Kant, oltre a difendere Zenone dall'accusa di Platone, si pone consapevolmente contro una tradizione interpretativa di cui era stato autorevole rappresentante Pierre Bayle. Questi, nel suo diffusissimo *Dictionnaire historique et critique* (Rotterdam, 1697, poi più volte riedito), alla voce *Zenone* scriveva: « Il destino di questa dialettica zenoniana sembra essere stato più quello di tutto confondere che non di chiarire qualche cosa. Zenone se ne serviva soltanto per discutere con chiunque e per ridurre i propri av-

tende infatti il metodo praticato da Zenone come l'assurda negazione di due proposizioni *contraddittorie* (delle quali una è necessariamente vera e l'altra falsa, giacché tra contraddittorie *tertium non datur*), ma nel senso della negazione di due proposizioni *contrarie*, le quali ammettono un *tertium* e quindi, se non possono essere entrambe vere (per il principio di non contraddizione), possono però essere entrambe false e la verità, dunque, può stare in una terza proposizione. Questo tipo di opposizione Kant la chiama « opposizione dialettica », e la distingue dall'« opposizione analitica » (per contraddizione) e dalla « ripugnanza reale » o « opposizione reale » (senza contraddizione). Avendo così sottilmente tenuta distinta nel suo argomentare l'opposizione per contrarietà da quella per contraddizione, Zenone si rivela agli occhi di Kant un sottile dialettico, capace di argomentare secondo quel « metodo zetetico » o « metodo scettico » da lui stesso apprezzato e praticato.
Rifacendosi alla dialettica trascendentale di Kant, Hegel riconosce a quest'ultimo il merito di avere colto la necessità delle antinomie della ragione, che egli anzi interpreta non come proposizioni contrarie, ma come contraddizioni vere e proprie; gli addossa però il torto di avere conside-

versari al silenzio, sia che sostenessero il bianco, sia che sostenessero il nero ... Se ne ricava l'immagine di un uomo che criticava tutto, che distruggeva moltissime opinioni e ne conservava pochissime per sé » (P. Bayle, *op. cit.*, trad. it. *Dizionario storico-critico*, a cura di Gianfranco Cantelli, Laterza, Roma-Bari, 1976, pp. 464-65). L'andare contro corrente di Kant è una riprova della consapevolezza con cui egli intende recuperare il metodo dialettico di Zenone come critica dell'illusione.

rato le antinomie come meramente soggettive, cioè come il prodotto di una ragione finita incapace di conoscere la totalità. Il fatto che la ragione sviluppi una sua antitetica, che per Hegel è governata dalla potenza della negazione e della contraddizione, e che deve essere estesa, oltre che alla cosmologia, a tutte le idee, a tutti i concetti e a tutti gli oggetti, significa che la ragione conosce l'infinito, l'Assoluto, la totalità, giacché quest'ultima non può essere espressa se non mediante la contraddizione. Rifacendosi così alla dialettica kantiana nel suo senso positivo, Hegel arriva a svilupparla come logica della contraddizione e a farne l'anima del suo sistema, anzi, l'espressione stessa della vita dello spirito.

Con Hegel la dialettica arriva dunque al suo profilo filosofico più alto. Schopenhauer, per le ragioni che la storia accennata ha messo in luce, replica con una operazione di forza uguale e contraria, e la riporta ai suoi minimi termini di arte per ottenere ragione, di «dottrina del modo di procedere della naturale prepotenza umana» (cfr. sopra, p. 71). Un'operazione, questa, che da un punto di vista filosofico è probabilmente meno profonda, ma che si è rivelata alla fine più flessibile al mutare dei tempi: perché Schopenhauer ha agganciato la dialettica non a una filosofia, ma alla condizione stessa dell'uomo in quanto animale dotato di linguaggio, cioè a dire – come osservava, più o meno negli stessi anni, un maestro di lucidità – in quanto è quell'essere a cui gli dèi hanno donato la parola affinché possa nascondere il suo pensiero.

Per l'approfondimento della storia qui accennata, mi limito a rimandare ad alcuni studi essenziali. Vanno tenuti presenti anzitutto i numerosi lavori dedicati alla dialettica da Enrico Berti, nei quali egli non solo ha proposto una ricostruzione critica convincente della sua storia, sulla quale mi sono basato nelle indicazioni qui fornite, ma ne ha altresì sostenuto l'attualità come logica propria del discorso filosofico. Tra di essi, raccomando qui i due fondamentali: *Contraddizione e dialettica negli antichi e nei moderni*, L'Epos, Palermo, 1987; *Le ragioni di Aristotele*, Laterza, Roma-Bari, 1989.
Per un quadro generale sulla storia del problema si veda la monografia di Livio Sichirollo, *Dialettica*, Isedi, Milano, 1973 (con bibliografia), e inoltre i contributi di Nicola Abbagnano, Enzo Paci, Carlo A. Viano, Eugenio Garin, Pietro Chiodi, Pietro Rossi e Norberto Bobbio, riuniti con il titolo *Studi sulla dialettica*, Taylor, Torino, 1969, che offrono una ricostruzione per medaglioni, ma completa, dei momenti principali della storia della dialettica da Platone a Marx.
Relativamente alla trasmissione del *corpus dialecticum* antico al Medioevo si veda Giulio D'Onofrio, *Fons scientiae. La dialettica nell'Occidente tardo-antico*, Liguori, Napoli, 1986, e per l'eristica Sten Ebbesen, *Commentators and Commentaries on Aristoteles' Sophistici Elenchi. A Study of post-Aristotelian Ancient and Medieval Writings on Fallacies*, 3 voll., Brill, Leiden, 1981. Inoltre: Niels Jørgen Green-Pedersen, *The Tradition of the Topics in the Middle Ages*, Philosophia, München, 1984.
Per la dialettica nell'età dell'Umanesimo e del Rinascimento rinvio allo studio classico di Cesare

Vasoli, *La dialettica e la retorica dell'Umanesimo. «Invenzione» e «metodo» nella cultura del XV e XVI secolo*, Feltrinelli, Milano, 1968, e per l'età moderna a Wilhelm Risse, *Die Logik der Neuzeit*, 2 voll., Frommann-Holzboog, Stuttgart-Bad Cannstatt, 1964-70, e Wolfgang Röd, *Dialektische Philosophie der Neuzeit*, 2ª ediz. completamente rielaborata, Beck, München, 1986 (1ª ediz., 1974). La ricostruzione complessiva più completa della storia della dialettica nel periodo che va da Kant a Marx è quella di Wolfgang Janke, *Historische Dialektik. Destruktion dialektischer Grundformen von Kant bis Marx*, de Gruyter, Berlin, 1977 (di cui ho fornito un resoconto in «Rivista critica di storia della filosofia», 36, 1981, pp. 196-206). Sulla dialettica contemporanea si veda *La dialettica nel pensiero contemporaneo*, a cura di Valerio Verra, Il Mulino, Bologna, 1976.
Si veda infine l'articolo di Ludwig Heinrich Heydenreich, *Dialektik*, in *Reallexikon zur deutschen Kunstgeschichte*, vol. III, Drückenmüller, Stuttgart, 1954, coll. 1387-1400, che contiene una interessante illustrazione delle iconografie della dialettica, tutte risalenti a due fonti letterarie, la descrizione di Marziano Capella sopra riportata, e quella di Alanus ab Insulis, *Anticlaudianus*, libro III, cap. 1.

Opere pubblicate in questa collana:

1. Hermann Hesse, *Il pellegrinaggio in Oriente* (21ª ediz.)
2. Marcel Granet, *La religione dei Cinesi* (5ª ediz.)
3. Robert Musil, *Sulle teorie di Mach* (4ª ediz.)
4. James Boswell, *Visita a Rousseau e a Voltaire* (3ª ediz.)
5. Freud-Groddeck, *Carteggio* (5ª ediz.)
6. Nyogen Senzaki - Paul Reps, *101 storie Zen* (27ª ediz.)
7. Gertrude Stein, *Picasso* (7ª ediz.)
8. Pierre Klossowski, *Le dame romane* (3ª ediz.)
9. Konrad Lorenz, *E l'uomo incontrò il cane* (25ª ediz.)
10. Rainer Maria Rilke, *Ewald Tragy* (5ª ediz.)
11. Friedrich Nietzsche, *Sull'utilità e il danno della storia per la vita* (12ª ediz.)
12. Angus Wilson e Philippe Jullian, *Per chi suona la cloche* (2ª ediz.)
13. Elias Canetti, *Potere e sopravvivenza* (6ª ediz.)
14. Konrad Lorenz, *Gli otto peccati capitali della nostra civiltà* (21ª ediz.)
15. Lorenzo Magalotti, *Relazione della China*
16. Miguel León-Portilla, *Il rovescio della Conquista* (5ª ediz.)
17. Knut Hamsun, *Fame* (4ª ediz.)
18. *La Bibbia del Belli* (4ª ediz.)
19. Georges Dumézil, *Gli dèi dei Germani* (6ª ediz.)
20. Joseph Roth, *La leggenda del santo bevitore* (25ª ediz.)
21. Friedrich Nietzsche, *Sull'avvenire delle nostre scuole* (4ª ediz.)
22. *Il Fisiologo* (4ª ediz.)
23. Samuel Butler, *Erewhon* (5ª ediz.)
24. Samuel Butler, *Ritorno in Erewhon* (3ª ediz.)
25. Eugen Herrigel, *Lo Zen e il tiro con l'arco* (24ª ediz.)
26. Frank Wedekind, *Mine-Haha* (4ª ediz.)
27. Alberto Savinio, *Maupassant e "l'Altro"* (4ª ediz.)
28. San Girolamo, *Vite di Paolo, Ilarione e Malco* (2ª ediz.)
29. Giorgio Colli, *La nascita della filosofia* (14ª ediz.)
30. Louis-Ferdinand Céline, *Il dottor Semmelweis* (7ª ediz.)
31. Ludwig Wittgenstein, *Note sul "Ramo d'oro" di Frazer* (6ª ediz.)
32. Hermann Hesse, *Siddharta* (56ª ediz.)
33. Reuben Fine, *La psicologia del giocatore di scacchi* (4ª ediz.)
34. Robert Walser, *La passeggiata* (12ª ediz.)
35. Edoardo Ruffini, *Il principio maggioritario* (2ª ediz.)

36-37. Friedrich Nietzsche, *Così parlò Zarathustra* (18ª ediz.)

38. André Gide, *La sequestrata di Poitiers* (3ª ediz.)
39. J.R. Wilcock - F. Fantasia, *Frau Teleprocu*
40. Hugo von Hofmannsthal, *L'uomo difficile* (7ª ediz.)
41. James Joyce, *Dedalus* (12ª ediz.)
42. Søren Kierkegaard, *Enten-Eller, I* (4ª ediz.)
43. Paul Verlaine, *Confessioni* (3ª ediz.)
44. Pavel Florenskij, *Le porte regali* (5ª ediz.)

45. Adam Mickiewicz, *I sonetti di Crimea*
46. Friedrich Nietzsche, *La mia vita* (8ª ediz.)
47. Friedrich Nietzsche, *Al di là del bene e del male* (15ª ediz.)
48. Friedrich Nietzsche, *La nascita della tragedia* (16ª ediz.)
49. Alberto Savinio, *Sorte dell'Europa* (2ª ediz.)
50. Carlo Dossi, *Amori* (2ª ediz.)
51. René Guénon, *Il Re del Mondo* (10ª ediz.)
52. Arthur Schnitzler, *Doppio sogno* (18ª ediz.)
53. Søren Kierkegaard, *Enten-Eller, II* (3ª ediz.)
54. Friedrich Nietzsche, *La gaia scienza* (10ª ediz.)
55. Friedrich Nietzsche, *L'anticristo* (13ª ediz.)
56. James Hillman, *Saggio su Pan* (8ª ediz.)
57. Alfred Jarry, *Ubu* (5ª ediz.)
58. Hermann Hesse, *La cura* (17ª ediz.)
59. Jacques Derrida, *Il fattore della verità* (2ª ediz.)
60. Gerald Durrell, *Incontri con animali* (7ª ediz.)
61. Gershom Scholem, *Walter Benjamin e il suo angelo* (3ª ediz.)
62. Jonathan Swift, *Istruzioni alla servitù* (8ª ediz.)
63. Aleksandr Blok, *L'intelligencija e la rivoluzione*
64. Georg Büchner, *Teatro* (7ª ediz.)
65. Friedrich Nietzsche, *Aurora* (6ª ediz.)
66. Jaime de Angulo, *Indiani in tuta* (3ª ediz.)
67. Robert Walser, *I temi di Fritz Kocher* (3ª ediz.)
68. Søren Kierkegaard, *Enten-Eller, III*
69. Franz Kafka, *Il processo* (10ª ediz.)
70. August Strindberg, *Teatro naturalistico, I* (3ª ediz.)
71. Max Jacob - Claude Valence, *Specchio d'astrologia* (3ª ediz.)
72. Heinrich Heine, *Gli dèi in esilio*
73-74. Katherine Mansfield, *Tutti i racconti, I* (8ª ediz.)
75. Guido Ceronetti, *Il silenzio del corpo* (6ª ediz.)
76. Carlo Dossi, *Goccie d'inchiostro*
77. *I detti di Rābi'a* (2ª ediz.)
78. Giacomo Casanova, *Il duello* (2ª ediz.)
79. Vasilij Rozanov, *L'Apocalisse del nostro tempo*
80. Friedrich Nietzsche, *Scritti su Wagner* (4ª ediz.)
81. Platone, *Simposio* (15ª ediz.)
82. Friedrich Nietzsche, *Umano, troppo umano, I* (6ª ediz.)
83. Karen Blixen, *Ehrengard* (13ª ediz.)
84. Alberto Savinio, *Vita di Enrico Ibsen*
85. Walter Benjamin, *Uomini tedeschi* (2ª ediz.)
86. *Diotima e Hölderlin*
87. Mario Brelich, *Il navigatore del diluvio* (2ª ediz.)
88. Leonora Carrington, *Giù in fondo* (2ª ediz.)
89. Emanuele Severino, *Legge e caso* (4ª ediz.)
90. Hermann Hesse, *Una biblioteca della letteratura universale* (11ª ediz.)
91-92-93. Katherine Mansfield, *Tutti i racconti, II* (5ª ediz.)
94. Giorgio Colli, *Scritti su Nietzsche* (4ª ediz.)
95. Salvatore Satta, *De profundis* (2ª ediz.)

96. Walter Pater, *Ritratti immaginari* (2ª ediz.)
97. René Guénon, *La Grande Triade* (6ª ediz.)
98. August Strindberg, *Teatro da camera* (2ª ediz.)
99. Gerald Durrell, *Luoghi sotto spirito* (5ª ediz.)
100. Gustave Flaubert, *Dizionario dei luoghi comuni* (10ª ediz.)
101. J. Rodolfo Wilcock, *Poesie* (2ª ediz.)
102. Mumon, *La porta senza porta* (5ª ediz.)
103. Jean Rhys, *Il grande mare dei sargassi* (3ª ediz.)
104. Guido Morselli, *Incontro col comunista* (2ª ediz.)
105. Sergio Quinzio, *Dalla gola del leone* (2ª ediz.)
106. Karl Valentin, *Tingeltangel* (2ª ediz.)
107. Jean-Jacques Langendorf, *Elogio funebre del generale August-Wilhelm von Lignitz*
108-109. O. Henry, *Memorie di un cane giallo* (2ª ediz.)
110. Rainer Maria Rilke, *Lettere a un giovane poeta* (8ª ediz.)
111. Carl Seelig, *Passeggiate con Robert Walser* (2ª ediz.)
112. Charles Duff, *Manuale del boia* (3ª ediz.)
113-114. Franz Kafka, *Il messaggio dell'imperatore* (9ª ediz.)
115. Alberto Savinio, *La nostra anima* (4ª ediz.)
116. Jean Paul, *Giornale di bordo dell'aeronauta Giannozzo* (2ª ediz.)
117. Fausto Melotti, *Linee*
118. Ibn'Aṭā' Allāh, *Sentenze e Colloquio mistico* (3ª ediz.)
119. Carlo Emilio Gadda, *Le bizze del capitano in congedo* (3ª ediz.)
120. Søren Kierkegaard, *Enten-Eller, IV*
121. Friedrich Nietzsche, *Umano, troppo umano, II* (5ª ediz.)
122. Arthur Schnitzler, *Fuga nelle tenebre* (11ª ediz.)
123. Joseph Roth, *Viaggio in Russia* (7ª ediz.)
124. Misia Sert, *Misia* (2ª ediz.)
125. Anonimo romano, *Cronica* (2ª ediz.)
126. Emilio Cecchi, *I grandi romantici inglesi* (2 voll.)
127. Russell Hoban, *Il topo e suo figlio* (3ª ediz.)
128. J. Rodolfo Wilcock, *L'abominevole donna delle nevi*
129. Paul Scheerbart, *Architettura di vetro* (2ª ediz.)
130. Giacomo Leopardi, *Pensieri* (7ª ediz.)
131. Carlo Michelstaedter, *La persuasione e la rettorica* (6ª ediz.)
132. Hugo von Hofmannsthal, *La mela d'oro e altri racconti* (4ª ediz.)
133. Plutarco, *Il demone di Socrate - I ritardi della punizione divina* (3ª ediz.)
134. Friedrich Nietzsche, *Ditirambi di Dioniso e Poesie postume* (3ª ediz.)
135. Alexander Lernet-Holenia, *Il barone Bagge* (6ª ediz.)
136. Carlo Emilio Gadda, *Il tempo e le opere*
137. Gerald Durrell, *Storie del mio zoo* (6ª ediz.)
138. Jayadeva, *Gītagovinda* (2ª ediz.)
139. August Strindberg, *Teatro naturalistico, II* (2ª ediz.)
140. Samuel Johnson, *Riflessioni sugli ultimi fatti relativi alle Isole Falkland (1771)*
141. E.M. Cioran, *Storia e utopia* (4ª ediz.)
142. Jean-Jacques Langendorf, *Una sfida nel Kurdistan*

143. Gilberto Forti, *Il piccolo almanacco di Radetzky*
144. Elvio Fachinelli, *Claustrofilia*
145. Giorgio Colli, *Per una enciclopedia di autori classici* (2ª ediz.)
146. Thomas de Quincey, *Gli ultimi giorni di Immanuel Kant* (2ª ediz.)
147. Charles Baudelaire, *Il mio cuore messo a nudo* (5ª ediz.)
148. Plutarco, *Dialoghi delfici* (3ª ediz.)
149. Adalbert Stifter, *Abdia* (4ª ediz.)
150. Charles Alexander Eastman, *L'anima dell'indiano* (4ª ediz.)
151. György Lukács, *Diario (1910-1911)*
152. Arthur Schnitzler, *Gioco all'alba* (10ª ediz.)
153. Aleksandr Zinov'ev, *Appunti di un Guardiano Notturno*
154. Friedrich Nietzsche, *Crepuscolo degli idoli* (5ª ediz.)
155. Franziska zu Reventlow, *Il complesso del denaro* (2ª ediz.)
156. Pier Candido Decembrio, *Vita di Filippo Maria Visconti*
157. Lope de Vega, *La Gattomachia* (3ª ediz.)
158. Simone Weil, *Riflessioni sulle cause della libertà e dell'oppressione sociale* (4ª ediz.)
159. Alexander Lernet-Holenia, *Il Signore di Parigi* (2ª ediz.)
160. David Garnett, *Il ritorno del marinaio*
161. Alfred Jarry, *Gesta e opinioni del dottor Faustroll, patafisico* (2ª ediz.)
162. Elio Aristide, *Discorsi sacri*
163. Maria Maddalena de' Pazzi, *Le parole dell'estasi* (2ª ediz.)
164. Colette, *Chéri* (6ª ediz.)
165. Mario Bortolotto, *Introduzione al Lied romantico*
166. Adalbert Stifter, *Cristallo di rocca* (5ª ediz.)
167. Friedrich Nietzsche, *Genealogia della morale* (7ª ediz.)
168. Georges Dumézil, *Matrimoni indoeuropei* (2ª ediz.)
169. *Lettere di Mademoiselle Aïssé a Madame C...*
170. Saul Israel, *La leggenda del figlio del Re Horkham*
171. Albert Caraco, *Post mortem*
172. Gilberto Forti, *A Sarajevo il 28 giugno*
173. Emilio Cecchi, *Messico*
174. Joseph Roth, *Ebrei erranti* (9ª ediz.)
175. Meister Eckhart, *Sermoni tedeschi* (4ª ediz.)
176. Elena Croce, *Due città*
177. Karen Blixen, *Ombre sull'erba* (7ª ediz.)
178. Georges Simenon, *Lettera a mia madre* (6ª ediz.)
179. Plutarco, *Iside e Osiride* (4ª ediz.)
180. Giorgio de Santillana, *Fato antico e Fato moderno* (3ª ediz.)
181. Colette, *La fine di Chéri* (3ª ediz.)
182. Edme Boursault, *Lettere di Babet*
183. Henri Maspero, *Il Soffio Vivo*
184. Friedrich Nietzsche, *Schopenhauer come educatore* (3ª ediz.)
185. Ernst Jünger, *Il problema di Aladino* (2ª ediz.)
186. E.M. Cioran, *Il funesto demiurgo* (5ª ediz.)
187. Alberto Savinio, *La casa ispirata* (2ª ediz.)
188. Plutarco, *Sull'amore* (4ª ediz.)

189. Arthur Schnitzler, *Beate e suo figlio* (8ª ediz.)
190. Gottfried Benn, *Cervelli* (2ª ediz.)
191. Colette, *La nascita del giorno* (2ª ediz.)
192. Karen Blixen, *Il matrimonio moderno* (5ª ediz.)
193. *Sir Gawain e il Cavaliere Verde* (5ª ediz.)
194. *L'epopea di Gilgameš* (7ª ediz.)
195. Louis Dumont, *La civiltà indiana e noi*
196. Joseph Roth, *Le città bianche* (6ª ediz.)
197. Giuseppe Rensi, *Lettere spirituali*
198. Fabrizio Dentice, *Egnocus e gli Efferati* (2ª ediz.)
199. John McPhee, *Il formidabile esercito svizzero* (2ª ediz.)
200. Simone Weil, *Venezia salva* (2ª ediz.)
201. Elsa Morante, *Pro o contro la bomba atomica*
202. M. Granet - M. Mauss, *Il linguaggio dei sentimenti* (3ª ediz.)
203. Guido Ceronetti, *Pensieri del Tè* (6ª ediz.)
204. Carlo Michelstaedter, *Poesie* (5ª ediz.)
205. Carl Schmitt, *Ex Captivitate Salus* (2ª ediz.)
206. Celso, *Il discorso vero* (2ª ediz.)
207. Thomas Bernhard, *L'imitatore di voci* (3ª ediz.)
208. Alberto Savinio, *Capri* (5ª ediz.)
209. Arthur Schnitzler, *La signorina Else* (7ª ediz.)
210. Milan Kundera, *L'arte del romanzo* (6ª ediz.)
211. Eugenio Montale, *Mottetti* (3ª ediz.)
212. Iosif Brodskij, *Dall'esilio*
213. Gerald Durrell, *La terra che sussurra* (3ª ediz.)
214. Henry James, *L'altare dei morti* (3ª ediz.)
215. Osip Mandel'štam, *Viaggio in Armenia*
216. Friedrich Dürrenmatt, *La morte della Pizia* (8ª ediz.)
217. Guido Ceronetti, *L'occhiale malinconico*
218. Fernando Pessoa, *Lettere alla fidanzata* (5ª ediz.)
219. Alexander Lernet-Holenia, *Il giovane Moncada* (2ª ediz.)
220. Giovanni Macchia, *I moralisti classici* (2ª ediz.)
221. Hippolyte Taine, *Étienne Mayran*
222. Carlo Michelstaedter, *Il dialogo della salute* (2ª ediz.)
223. E.M. Cioran, *Esercizi di ammirazione* (2ª ediz.)
224. Joseph Roth, *La ribellione* (4ª ediz.)
225. Benedetto Croce, *Contributo alla critica di me stesso* (3ª ediz.)
226. Giovanni Macchia, *Tra Don Giovanni e Don Rodrigo* (2ª ediz.)
227. Alberto Savinio, *Capitano Ulisse* (2ª ediz.)
228. Vivant Denon, *Senza domani* (2ª ediz.)
229. Rudolf Borchardt, *Città italiane*
230. Colette, *Sido* (2ª ediz.)
231. Aldous Huxley, *L'arte di vedere* (6ª ediz.)
232. Søren Kierkegaard, *Enten-Eller, V*
233. Ernst Jünger - Martin Heidegger, *Oltre la linea* (4ª ediz.)
234. Christopher Marlowe, *Tamerlano il Grande*
235. Leonardo Sciascia, *Alfabeto pirandelliano* (3ª ediz.)
236. Georg Büchner, *Lenz* (2ª ediz.)
237. *Vijñānabhairava, La conoscenza del Tremendo* (3ª ediz.)

238. Leonardo Sciascia, *Una storia semplice* (13ª ediz.)
239. Jean-Pierre de Caussade, *L'abbandono alla Provvidenza divina*
240. Joseph Roth, *Il peso falso* (3ª ediz.)
241. Manlio Sgalambro, *Anatol*
242. Simone Weil, *Sulla Germania totalitaria*
243. Benedetto Croce, *Breviario di estetica – Aesthetica in nuce* (3ª ediz.)
244. Ivo Andrić, *I tempi di Anika*
245. C.S. Lewis, *Diario di un dolore* (7ª ediz.)
246. E.M. Cioran, *Lacrime e santi* (2ª ediz.)
247. Vladimir Zazubrin, *La scheggia*
248. Ernst Jünger, *Trattato del Ribelle* (4ª ediz.)
249. Nina Berberova, *Il giunco mormorante* (10ª ediz.)
250. Leonardo Sciascia, *Occhio di capra* (2ª ediz.)
251. Wolfgang Goethe, *Favola* (5ª ediz.)
252. Calderón de la Barca, *La vita è sogno* (4ª ediz.)
253. Sergio Quinzio, *Radici ebraiche del moderno* (4ª ediz.)
254. Elena Croce, *Lo snobismo liberale*
255. Jeremy Bernstein, *Uomini e macchine intelligenti*
256. Alfred Jarry, *L'amore assoluto*
257. Giorgio Manganelli, *Lunario dell'orfano sannita*
258. Alberto Savinio, *Alcesti di Samuele e atti unici*
259. Iosif Brodskij, *Fondamenta degli Incurabili* (5ª ediz.)
260. Giuseppe Rensi, *La filosofia dell'assurdo*
261. James Hillman, *La vana fuga dagli Dei* (2ª ediz.)
262. Fabrizio Dentice, *Messalina*
263. F. Gonzalez-Crussi, *Note di un anatomopatologo* (3ª ediz.)
264. Manlio Sgalambro, *Del pensare breve* (2ª ediz.)
265. Jacques Derrida, *Sproni. Gli stili di Nietzsche*
266. Mario Soldati, *La confessione*
267. Giovanni Macchia, *Vita avventure e morte di Don Giovanni* (2ª ediz.)
268. Colette, *Il grano in erba* (3ª ediz.)
269. Nina Berberova, *Il lacchè e la puttana* (7ª ediz.)
270. Ingeborg Bachmann, *Il buon Dio di Manhattan*
271. Bruce Chatwin - Paul Theroux, *Ritorno in Patagonia* (5ª ediz.)
272. Benedetto Croce, *Ariosto*
273. Plutarco, *Il volto della luna*
274. Arthur Schopenhauer, *L'arte di ottenere ragione* (16ª ediz.)
275. Friedrich Nietzsche, *David Strauss* (2ª ediz.)
276. Friedrich Nietzsche, *Ecce homo* (3ª ediz.)
277. Friedrich Nietzsche, *La filosofia nell'epoca tragica dei Greci e Scritti 1870-1873* (2ª ediz.)
278. Alberto Savinio, *Dico a te, Clio*
279. Leonardo Sciascia, *Morte dell'inquisitore* (6ª ediz.)
280. Elvio Fachinelli, *La freccia ferma*
281. Ivo Andrić, *La Corte del diavolo*
282. J. Rodolfo Wilcock, *Fatti inquietanti*
283. Sergio Quinzio, *La sconfitta di Dio* (4ª ediz.)

284. Hugo von Hofmannsthal, *Il cavaliere della rosa*
285. *Montaigne. Testi presentati da André Gide*
286. Marijan Molé, *I mistici musulmani*
287. Matilde Manzoni, *Journal* (2ª ediz.)
288. Giorgio Manganelli, *Esperimento con l'India* (4ª ediz.)
289. Roger Martin du Gard, *Confessione africana* (4ª ediz.)
290. Angela da Foligno, *Il libro dell'esperienza*
291. Giacomo Leopardi, *La strage delle illusioni* (2ª ediz.)
292. Tommaso Landolfi, *Le due zittelle* (5ª ediz.)
293. Marius Schneider, *La musica primitiva*
294. Luciano di Samosata, *Alessandro o il falso profeta*
295. Robert Walser, *La rosa* (2ª ediz.)
296. Arthur Schopenhauer, *La filosofia delle università*
297. Colette, *Gigi* (2ª ediz.)
298. Martin Heidegger, *Seminari*
299. Derek Walcott, *Mappa del Nuovo Mondo* (3ª ediz.)
300. Charles Nodier, *Inés de Las Sierras* (2ª ediz.)
301. Manlio Sgalambro, *Dialogo teologico*
302. Jasper Griffin, *Snob* (2ª ediz.)
303. André Leroi-Gourhan, *Le religioni della preistoria*
304. Herman Melville, *Clarel*
305. Oswald Spengler, *A me stesso*
306. Samson Raphaelson, *L'ultimo tocco di Lubitsch*
307. Danilo Kiš, *Dolori precoci*
308. David Garnett, *Un uomo allo zoo*
309. E.M. Cioran, *Sillogismi dell'amarezza* (2ª ediz.)
310. Derek Walcott, *Ti-Jean e i suoi fratelli - Sogno sul Monte della Scimmia*
311. Leonardo Sciascia, *Dalle parti degli infedeli*
312. Tommaso Landolfi, *Cancroregina*
313. Bernard Berenson - Roberto Longhi, *Lettere e scartafacci 1912-1957*
314. Milan Kundera, *Jacques e il suo padrone* (2ª ediz.)
315. Arthur Schopenhauer, *Sul mestiere dello scrittore e sullo stile*
316. Benedetto Croce, *La mia filosofia*
317. Aleksandr Herzen, *Dall'altra sponda*
318. Carlo Emilio Gadda, *«Per favore, mi lasci nell'ombra»*
319. Friedrich Nietzsche, *Appunti filosofici 1867-1869 · Omero e la filologia classica*
320. René Guénon, *Scritti sull'esoterismo islamico e il Taoismo*
321. Giovanni Guidiccioni, *Orazione ai nobili di Lucca*
322. William S. Burroughs, *Il gatto in noi* (8ª ediz.)
323. Ennio Flaiano, *Diario notturno* (3ª ediz.)
324. Salvatore Satta, *Il mistero del processo*
325. Guido Morselli, *La felicità non è un lusso*
326. Julien Green, *Suite inglese*
327. Djuna Barnes, *Fumo*
328. Giovanni Macchia, *Manzoni e la via del romanzo*
329. Guido Ceronetti, *Tra pensieri*

330. Léon Bloy, *Dagli Ebrei la salvezza*
331. *La vita di Marpa il Traduttore*
332. Leonardo Sciascia, *L'affaire Moro*
333. Manlio Sgalambro, *Dell'indifferenza in materia di società*
334. Tommaso Landolfi, *Le labrene*
335. Alberto Arbasino, *Mekong* (2ª ediz.)
336. Ludwig Klages, *Perizie grafologiche su casi illustri*
337. August Strindberg, *Il sogno*
338. Gerald Durrell, *Il naturalista a quattro zampe*
339. W.H. Auden, *La verità, vi prego, sull'amore* (6ª ediz.)
340. Tommaso Campanella, *La Città del Sole*
341. Erwin Schrödinger, *Che cos'è la vita?*
342. Dolores Prato, *Le Ore*
343. Carl Sternheim, *Libussa*
344. Sto, *Qui comincia la sventura del signor Bonaventura*
345. Elias Canetti, *Il Testimone auricolare*
346. Karen Blixen, *Dagherrotipi*
347. Iosif Brodskij, *Marmi*
348. Geminello Alvi, *Uomini del Novecento* (2ª ediz.)
349. W.H. Auden, *Shorts*
350. Giuseppe Rensi, *La democrazia diretta*
351. Martin Heidegger, *Lettera sull'«umanismo»*
352. Ma gcig, *Canti spirituali*
353. Manlio Sgalambro, *La consolazione*
354. Leonardo Sciascia, *L'onorevole - Recitazione della controversia liparitana dedicata ad A.D. - I mafiosi*
355. Roy Lewis, *Una passeggiata con Mr Gladstone*
356. Fëdor Dostoevskij, *Ricordi dal sottosuolo*
357. Cesare Garboli, *Il gioco segreto*
358. Tommaso Landolfi, *La pietra lunare*
359. Alberto Arbasino, *Parigi o cara*
360. Vladimir Nabokov, *Cose trasparenti*
361. Elémire Zolla, *Le tre vie*
362. Nina Berberova, *La sovrana*
363. Alan Bennett, *La pazzia di Re Giorgio*
364. Léon Bloy, *La Cavaliera della Morte*
365. Luigi Luca Cavalli-Sforza, *Geni, popoli e lingue*
366. René Guénon, *Gli stati molteplici dell'Essere*

Stampato nel marzo 1996
dalla Techno Media Reference s.r.l. - Milano

Piccola Biblioteca Adelphi
Periodico mensile: N. 274/1991
Registr. Trib. di Milano N. 180 per l'anno 1973
Direttore responsabile: Roberto Calasso